COLLECTION MICHEL LÉVY

ŒUVRES COMPLÈTES

DE

FREDERIC SOULIÈ

ŒUVRES COMPLÈTES
DE
FRÉDÉRIC SOULIÉ

UN VOLUME PAR SEMAINE

LES MÉMOIRES DU DIABLE...............	2 vol.
CONFESSION GÉNÉRALE................	2 —
LES DEUX CADAVRES.................	1 —
LES QUATRE SOEURS.................	1 —
AU JOUR LE JOUR...................	1 —
MARGUERITE. — LE MAITRE D'ÉCOLE.........	1 —
HUIT JOURS AU CHATEAU...............	1 —
LE BANANIER. — EULALIE PONTOIS.........	1 —
SI JEUNESSE SAVAIT !... SI VIEILLESSE POUVAIT ...	2 —
LE PORT DE CRÉTEIL.................	1 —
LE CONSEILLER D'ÉTAT................	1 —
UN MALHEUR COMPLET................	1 —
LE MAGNÉTISEUR...................	1 —
LA LIONNE.....................	1 —
LA COMTESSE DE MONRION.............	1 —
LES DRAMES INCONNUS...............	4 —
LA MAISON Nº 3 DE LA RUE DE PROVENCE. ...	1 —
AVENTURES D'UN JEUNE CADET DE FAMILLE. ...	1 —
AMOURS DE VICTOR BONSENNE...........	1 —
OLIVIER DUHAMEL	1 —
LES FORGERONS...................	1 —
UN ÉTÉ A MEUDON..................	1 —
LE CHATEAU DES PYRÉNÉES.............	2 —
UN RÊVE D'AMOUR..................	1 —
DIANE ET LOUISE..................	1 —
LES PRÉTENDUS...................	1 —
CONTES POUR LES ENFANTS.............	1 —

Les autres ouvrages paraîtront successivement.

IMPRIMERIE DE BEAU, A SAINT-GERMAIN-EN-LAYE.

CONTES

POUR

LES ENFANTS

PAR

FRÉDÉRIC SOULIÉ

PARIS
MICHEL LÉVY FRÈRES, LIBRAIRES-ÉDITEURS
RUE VIVIENNE, 2 BIS
—
1859

L'ENFANT

DES GRENADIERS DE LA GARDE

Il y a bientôt deux ans, j'étais chez l'un de nos plus célèbres généraux ; c'était le soir, et quoique ce ne fût pas un jour de réception, quelques personnes étaient venues lui faire visite. Nous étions assis autour du feu, et nous causions tout à fait intimement, lorsqu'on annonça M. Louis Jacquot ; et nous vîmes entrer un jeune officier de marine de la tournure la plus distinguée. La singularité de son nom contrastait tellement avec l'élégance de ses manières, et l'accueil que lui firent le général et sa femme fut si affectueux, que l'attention de tout le monde se porta sur lui. Ce mouvement amena un examen de sa personne qui lui fut en tout favorable. En effet, ce M. Jacquot était un beau jeune homme de vingt-deux ans tout au plus. Il avait ce teint brun qu'on gagne à la mer, l'œil noir et grand, et l'air franc et décidé d'un brave garçon. Ce qui n'était pas moins remarquable que sa personne, c'était sa toilette. Quoiqu'il soit difficile de faire grand étalage d'élégance avec un uniforme d'enseigne, cependant celui de M. Jacquot était si bien taillé et si étroitement agrafé, qu'il était impossible de ne pas s'en apercevoir. Il fallait que ce jeune officier eût en lui quelque chose de bien intéressant, car cette inspection qu'on fait d'une personne qui entre dans un salon se prolongea pour lui plus longtemps que cela n'arrive de coutume ; et par un hasard assez ordinaire, les regards de chacun s'arrêtèrent sur une partie de son costume tout à fait en désaccord avec le reste. En effet, à son chapeau d'un feutre noir et bien lustré que M. Jacquot tenait à la main était attachée une vieille cocarde véritablement flétrie et crasseuse. Le général s'aperçut de cette observation, il la fit remarquer tout bas à sa femme qui lui répondit par un doux sourire, et M. Jacquot, qui vit ce mouvement, devint rouge jusqu'au blanc des yeux. Ce n'était pas le rouge de la honte ni de la confusion qui monta au visage du jeune officier, mais celui d'un modeste embarras ; et le général, le voyant ainsi troublé, lui tendit la main en lui disant :

— Tu es un brave garçon, Louis.

La femme du général lui tendit aussi sa main que le jeune officier baisa avec une vive effusion de respect et de tendresse.

Cette petite scène nous avait tous intéressés, mais personne ne songeait à en demander l'explication. Cependant l'arrivée de ce jeune homme avait interrompu la conversation, et chacun semblait embarrassé de la reprendre, lorsqu'un vieil officier qui, toute la soirée, était demeuré assez silencieux, se lève tout à coup et dit d'une voix rude au général :

— C'est donc là votre Jacquot, mon général, et voilà la vraie cocarde!

Et sans attendre de réponse, il prit le chapeau des mains du jeune homme, et se mit à le considérer attentivement : on eût dit qu'il avait envie de l'embrasser, et une larme roula de son œil sur la moustache, pendant qu'il le regardait. Ce nouvel incident détermina la curiosité de chacun; on se leva, on examina cette mystérieuse cocarde, et quelques personnes s'étant approchées du général, elles lui demandèrent l'explication de tout cela.

— Ah! dit-il, c'est une histoire assez simple.

— C'est une histoire magnifique! reprit le vieil officier; si madame la générale voulait la raconter à ces messieurs et à ces dames, je suis sûr que ça les ferait fondre en larmes.

On insista, le général consentit, le jeune officier se résigna à être ainsi mis en scène, et voici ce qui nous fut raconté :

Lors de l'entrevue de Napoléon avec Alexandre, le premier de ces deux empereurs voulant montrer à l'autre les troupes qui l'avaient vaincu, une grande revue eut lieu. Napoléon parcourait avec complaisance les rangs de sa garde impériale, lorsqu'il s'arrête tout à coup devant un grenadier qui avait au visage une cicatrice qui partait du front et descendait jusqu'au milieu de la joue. Il le regarda un moment avec orgueil, et le désignant du doigt à l'empereur Alexandre :

— Que pensez-vous, lui dit-il, des soldats qui peuvent résister à de pareilles blessures?

— Que pensez-vous des soldats qui les ont faites? répondit Alexandre avec une heureuse présence d'esprit.

— Ceux-là sont morts, dit le vieux grenadier d'une voix grave, se mêlant par ce mot sublime à la conversation des deux plus puissants monarques du monde.

Alexandre, dont la question avait embarrassé Napoléon, se tourna alors vers lui et lui dit avec courtoisie :

— Sire, vous êtes partout vainqueur.

— C'est que la garde a donné, répondit Napoléon en faisant un geste de remerciement à son grenadier.

— Quelques jours après cette revue, Napoléon se promenait dans les quartiers de sa garde, pensant peut-être à la conquête de l'Espagne, ou peut-être au vieux grenadier qui l'avait tiré d'embarras, lorsqu'il l'aperçut assis sur une pierre, les jambes croisées l'une sur l'autre, et faisant danser sur son pied un petit marmot d'un an tout au plus. L'empereur s'arrêta devant lui. Mais le vieux soldat ne se leva pas de son siége, et lui dit seulement :

— Pardon, Sire, mais si je me levais, Jacquot crierait comme un fifre du roi de Prusse, et ça contrarierait peut-être Votre Majesté.

— C'est bien ! dit Napoléon. Tu t'appelles Jacques ?

— Oui, mon Empereur, Jacques. C'est de ça qu'on nomme le petit, Jacquot.

— C'est ton fils?

— Hum! mon Empereur, sa mère était une brave cantinière à qui un coquin de houlan donna, il y a deux mois, un coup de sabre sur la nuque, pendant qu'elle versait une goutte d'eau-de-vie à un pauvre ancien, son mari, qui venait d'avoir une jambe emportée. Ça fait qu'elle est morte et que l'enfant est orphelin.

— Et tu as adopté l'enfant? dit l'Empereur.

— Moi et les autres. Nous l'avons trouvé dans le sac de sa mère qui ne bougeait plus, rageant comme un cavalier à pied, et l'estomac vide comme les coffres du roi d'Espagne. L'ancien, qui soufflait encore un peu, nous a conté comme quoi sa mère avait été tuée au service de Votre Majesté. Alors nous avons tous adopté le petit, et comme c'est moi qui l'avais aperçu le premier, c'est moi qu'on a chargé de son avancement.

Napoléon considéra un moment le grenadier qui

continuait à donner à Jacquot une leçon d'équitation sur son pied, puis il lui dit :

— Je te dois quelque chose, Jacques.

— A moi, mon Empereur? Vous m'avez donné la croix pour cette balafre, c'est moi qui vous dois du retour.

— C'est, reprit Napoléon, pour ce que tu as dit à l'empereur Alexandre.

— Je ne lui ai rien dit de malhonnête à cet empereur! Est-ce qu'il se plaint de moi, par hasard?

— Non assurément, dit Napoléon ; car je veux te récompenser. Voyons, que désires-tu?

— Ma foi, répondit Jacques, je n'ai besoin de rien; mais, puisque vous voulez me faire une amitié, donnez quelque chose à ce petit, ça lui portera bonheur.

— Bien volontiers, dit l'Empereur ; et Jacques se leva, mit l'enfant sur son bras, et s'approcha pendant que Napoléon cherchait dans ses poches un objet à donner à cet enfant. Il n'y trouva que quelques pièces d'or qu'il y remit bien vite ; car ce n'était pas avec cette monnaie qu'il avait gagné le cœur de ses soldats. Il chercha de nouveau, sans rien trouver que des papiers. Enfin il ne savait trop que faire, lorsqu'il découvrit sa tabatière dans un coin de son gilet, et il la tendit au grenadier.

Jacques se mit à rire en regardant la boîte et en disant :

— Cette bêtise ! donner une tabatière à un enfant qui ne fume même pas !

L'Empereur allait répliquer, lorsqu'il sentit que l'on tirait son chapeau, et vit que l'enfant qui était sur le bras du grenadier, avait glissé sa main dans la ganse et qu'il jouait avec la cocarde.

— Tenez, Sire, dit le grenadier, le petit est plus fin que nous deux ; il fait comme Votre Majesté, il prend ce qui lui convient.

— Eh bien ! reprit l'Empereur, qu'il la garde. Et lui-même, ayant arraché la cocarde de son chapeau, il la remit à l'enfant, à qui Jacques dit en le faisant danser dans ses bras :

— Allons, fais voir à Sa Majesté que tu sais parler. Et l'enfant, riant et frappant les mains l'une contre l'autre, bégaya doucement ce mot : *Vive l'appereur!*

— Depuis ce jour, Jacques fit beaucoup de voyages : il revint à Paris, alla à Madrid, retourna à Vienne, poussa jusqu'à Moscou et accompagna Napoléon à l'île d'Elbe. Jacquot était de toutes les campagnes, tantôt mesurant son petit pas sur les grandes enjambées des grenadiers de la garde, tantôt porté avec les bagages, quelquefois à califourchon sur le sac du grognard. Il avait un petit sabre, un bonnet de police, qu'il mettait déjà sur l'oreille, et jouait du fifre comme un rossignol; et Jacques qui aimait et honorait Napoléon, comme on aime sa mère et son pays, avait appris à Jacquot à l'aimer et à l'honorer de même. Cependant le grenadier était bien embarrassé de la façon dont il ferait porter la cocarde à l'enfant : mais une idée lui vint de l'enfermer dans un médaillon qu'il suspendit à son cou, en lui disant : — Ecoute, Jacquot, tu feras ta prière du soir et du matin sur cette relique, ou je te fais manger ta bouillie sans souffler dessus. Ce qui fut dit fut fait, et pendant huit ans, soir et matin Jacquot s'agenouillait devant sa cocarde, priant pour son père Jacques et pour l'Empereur.

— Ce temps, ces huit années suffirent pour faire monter la France au comble de la gloire et de la puissance, et pour la plonger dans les plus affreux revers. Napoléon fut exilé à Sainte-Hélène, et l'armée fut licenciée. Le pauvre Jacques fut renvoyé comme les autres, avec ses trois chevrons, sa croix et son pauvre Jacquot. Louis, qui avait alors neuf ans, et qui commençait à comprendre le malheur, m'a bien souvent raconté que ce qui le frappait le plus c'était de voir son brave père, qui avait fait, quelques mois avant, des marches forcées de quinze à vingt lieues par jour, le fusil, la giberne et le sac sur le dos, tomber presque mourant de fatigue au bout de quelques heures de route, à présent qu'il ne portait plus qu'un petit paquet de hardes et un misérable bâton ; il s'affaiblissait chaque jour. Souvent il passait les nuits dans de pauvres étables ; Jacquot ramassait les brins de paille que laissaient traîner les garçons d'écurie pour en couvrir le vieux grenadier. Il veillait chaque nuit et lui donnait la moitié des morceaux de pain qu'il obtenait de la charité des maîtres d'auberge. Mais enfin la faiblesse de Jacques devint si grande, qu'ils furent forcés de s'arrêter dans une hutte abandonnée, où le malheureux soldat, vaincu par la douleur, laissa échapper comme malgré lui ces mots : « Jacquot, un peu d'eau-de-vie, ou je meurs. » Le pauvre enfant se prit à pleurer de toutes ses forces, puis il alla se mettre sur le bord du chemin, et essaya de demander l'aumône ; mais il n'obtint rien, et il se désespérait tout à fait, lorsqu'une idée lui vint tout à coup, une idée comme le malheur en inspire ; il se mit à genoux, tira son médaillon de sa poitrine, et se mit à crier en sanglotant :

Mon Dieu, mon Dieu ! donnez-moi de l'eau-de-vie pour le père Jacques ! et il répétait sans cesse et en suffoquant à force de pleurer : « Mon Dieu! donnez-moi de l'eau-de-vie pour le père Jacques! » En ce moment, un monsieur s'approcha de Jacquot ; il interrogea l'enfant qui, à travers ses larmes, lui raconta son histoire, et finit par lui dire :

— Le père Jacques m'a défendu de jamais me séparer de cette cocarde ; il m'a dit qu'elle me protégerait, que c'était mon bien, et je me ferais couper un bras plutôt que de la perdre : cependant, si vous voulez m'en donner un sou, prenez-la ; j'achèterai de l'eau-de-vie au père Jacques. L'étranger attendri répondit à l'enfant :

— Celui que tu as imploré a laissé en France quelques vieux soldats qui partageront ses bienfaits avec leurs vieux compagnons. Mène-moi près de Jacques. Et cet homme.....

— Cet homme bienfaisant, s'écria le jeune officier de marine, en interrompant le récit de la femme du général, cet homme bienfaisant me prit dans ses bras, moi pauvre mendiant. Il fit transporter Jacques dans son château; il le rendit à la vie, il lui assura une existence et me fit élever, moi orphelin, comme son fils, et chaque jour il m'accable de ses bienfaits. Et le jeune marin se prit à pleurer en disant ces paroles; et comme le général et sa femme lui tenaient les mains, ses larmes roulaient sur sa belle figure, et le général s'écria à son tour.

— Tu ne finis pas l'histoire, Louis; tu oublies de dire que je te promis de te rendre ta cocarde le jour où tu reviendrais avec une épaulette gagnée comme nous gagnions les nôtres; et, vous le voyez, la cocarde est à son chapeau : car Louis était à la prise d'Alger, et son capitaine, qui l'avait pris aspirant, me l'a renvoyé enseigne.

A ces mots, le brave général embrassa son fils adoptif. Nous étions tous attendris; et le vieil officier murmura en essuyant ses yeux et sa moustache :

— Je l'avais bien dit que vous fondriez tous en larmes.

EUGÉNIE

OU L'ENFANT SANS MÈRE

Il y a quelques années, j'étais allé passer la belle saison aux environs de Mortefontaine ; c'est un pays sauvage à quelques lieues de Paris, un pays avec des landes désertes à vous y perdre tous, et des rochers longs à gravir pour des jambes de six ans, comme les Alpes pour des soldats français. J'y demeurai chez un garde-chasse et je passais presque tout mon temps à parcourir la forêt et les bruyères. Il m'arrivait souvent de passer devant la grille d'un beau château. La partie du parc qu'on pouvait ainsi en apercevoir était magnifique et tenue avec un soin extrême. Quelques domestiques déjà vieux paraissaient seuls habiter la maison. Un jour qu'il me prit fantaisie de la visiter, j'en demandai la permission au concierge qui me l'accorda sans difficulté, et qui me laissa seul après m'avoir introduit. Je parcourais le parc depuis une demi-heure à peu près, lorsque j'aperçus venir à moi une jolie petite fille de dix ans à peine. Elle était assez grande, mais pâle et frêle, et son jeune visage n'avait pas l'insouciance de l'enfance. Elle me regarda avec surprise et je la saluai profondément : car, si petite qu'elle fût, elle avait quelque chose en elle de si triste, qu'il semblait qu'il fallût déjà la respecter comme quelqu'un qui a beaucoup souffert. Un moment après, une dame assez vieille arriva et me demanda le sujet de ma visite. Je le lui expliquai. Pendant ce temps, la jeune fille me considérait avec une attention remarquable ; elle semblait attendre un mot de moi à une question qu'elle n'osait pas me faire.

Enfin surmontant sa timidité, entraînée par un sentiment dont je ne comprenais pas l'exaltation, elle saisit la vieille dame par le bras et me désignant du doigt :

— Regarde donc, ma bonne, lui dit-elle, regarde donc.

A ce geste, la vieille dame me regarda plus attentivement ; un air de surprise et de joie se montra un moment sur son visage, mais bientôt, secouant la tête, elle répondit tristement à la petite fille :

— Non, Eugénie, ce n'est pas lui... non !

L'enfant, qui ne m'avait pas quitté des yeux jusqu'à ce moment, les détourna alors lentement, et je vis sortir de dessous ses paupières baissées deux grosses larmes, deux larmes sans cris ni sanglots, deux larmes comme on en verse quand la douleur vous a fait souvent pleurer, deux larmes silencieuses et muettes. Et puis Eugénie s'éloigna en me saluant. Elle s'éloigna à pas lents, et puis, quand elle crut qu'on ne la voyait plus, elle s'enfuit de toutes ses forces. La vieille dame, qui la regardait aller, pleurait aussi.

— Pauvre enfant! dit-elle tout bas, vous lui avez fait bien du mal.

— Moi! repris-je étonné ; et comment cela se fait-il?

— Hélas! monsieur, me dit cette dame, quoique vous soyez plus jeune que lui, vous ressemblez singulièrement à mon ancien maître M. Darvis.

— M. Darvis, m'écriai-je en rappelant tous mes souvenirs. C'est vrai ; on m'a souvent parlé dans le monde de cette ressemblance ; n'est-ce pas lui qui a eu le malheur de perdre, il y a dix ans, une femme qu'il aimait beaucoup?

— Oui, monsieur, dit en soupirant la vieille bonne, elle est morte en donnant naissance à cette jeune enfant que vous venez de voir. C'était dans ce château. M. Darvis en conçut un tel désespoir, qu'il ne voulut pas voir son enfant, et qu'il quitta le château comme un fou. Depuis ce temps, dans l'espérance de calmer sa douleur, il a passé de longues années à voyager ; il a été dans toutes les parties du monde ; il est revenu deux ou trois fois en France, mais sans jamais vouloir rentrer dans son château ni permettre qu'on lui présentât sa fille.

— Ainsi elle ne l'a jamais vu, dis-je à la bonne.

— Jamais, répliqua-t-elle ; mais il y a ici son portrait fait à l'âge que vous pouvez avoir à présent. C'est ainsi que sa fille le connaît ; jugez quelle a dû être son émotion en vous apercevant.

— Malgré cet abandon elle aime donc bien son père ? demandai-je aussitôt.

— Oh ! monsieur, reprit-elle vivement, c'est une bien triste histoire. Tant qu'elle a été petite, elle appelait sa nourrice maman, et elle était joyeuse et forte comme tous les autres petits enfants. Puis, quand elle commença à parler, il fallut bien lui dire que ce n'était pas sa maman, et elle nous demanda où elle était. Je la conduisis sur sa tombe au cimetière qui est ici près. Je ne sais si, à cette époque, elle comprit ce que c'était que la mort, mais elle sentit bien vite ce que c'est que de n'avoir pas de mère. Elle demandait à genoux à la nourrice de continuer à être sa maman. Elle voulait retourner dans la chaumière avec ses petits frères de lait, et son premier malheur fut de venir habiter ce château si beau et si riche. Je la vis alors devenir sérieuse. Pendant quelques jours elle demeura seule dans le parc. Je lui avais donné un abécédaire, et elle l'étudiait avec une ardeur inconcevable. Chaque soir elle venait me montrer ses progrès et j'en étais émerveillée. Enfin, un jour que je l'assurais qu'elle lisait fort couramment, elle s'échappa du parc. Je la suivis de loin, et je la vis entrer dans le cimetière. Elle alla vers la tombe de sa mère, lut attentivement l'inscription qui y était, puis elle s'agenouilla et pendant longtemps en pleurant. Après sa prière elle se leva et, à mon grand étonnement, elle alla à chaque tombe l'une après l'autre ; celles qui étaient en pierre et celles surmontées d'une croix noire, aucune ne fut oubliée par elle. Elle s'arrêtait devant toutes, se penchait sur la pierre ou sur la croix, et lisait attentivement toutes les inscriptions, essuyant de temps à autre ses yeux en pleurs pour y voir mieux. Après ce long examen, elle revint au château ; elle était toute petite, monsieur, mais elle avait une démarche si lente et si triste, elle avait la tête baissée et les mains jointes et tombant devant elle : oh! monsieur, je ne pus m'empêcher de pleurer en la voyant ainsi. Je courus vers elle, en l'appelant doucement ; elle me regarda d'un air bien douloureux et me dit alors :

— Où est donc papa, qu'il n'est pas dans le cimetière ?

Ce mot me fendit le cœur. Je devinai que la pauvre petite qui voyait la tendresse de son père nourricier pour ses enfants, ne comprenait pas que son père à elle eût pu la quitter s'il n'était pas mort. Oh ! monsieur, ce n'est pas parce que je suis femme, mais je suis sûre que ma bonne maîtresse n'eût pas ainsi abandonné sa fille, quand sa naissance lui eût encore apporté plus de malheur. C'est qu'une femme, ça sait souffrir plus qu'un homme, et une mère sait souffrir plus qu'aucune femme. Pour lui ôter les réflexions que cette découverte pouvait faire naître dans son esprit, je lui racontai la vérité et la cause du désespoir et de l'absence de son père. Ce fut un nouveau malheur pour la pauvre enfant : elle s'accusait de sa naissance comme d'un crime. Enfin, grâce à mes soins, elle avait repris courage et elle s'était mise à étudier avec une ardeur inouïe, apprenant tout ce que sa mère savait, pour la remplacer un jour près de son père ; mais il y a deux mois, elle a appris que son père était à Paris, et qu'il avait refusé de la voir ; alors la tristesse s'est emparée d'elle, et elle dépérit chaque jour et se meurt de chagrin.

— Oh ! m'écriai-je, je verrai Darvis, je le ramènerai.

Comme j'allais continuer, nous entendîmes un bruit léger à côté de nous, et nous vîmes s'ouvrir une petite porte donnant sur la forêt. La vieille dame tressaillit ; je la rassurai ; nous nous rangeâmes derrière un massif, et nous vîmes entrer un homme vêtu de noir avec un large chapeau. A peine fut-il dans le parc qu'il se découvrit comme s'il saluait le ciel, et poussa un profond soupir. Nous retînmes un cri de surprise, car c'était M. Darvis lui-même. Poussés par un sentiment d'espérance plutôt que de curiosité, nous le suivîmes doucement, et de loin, pendant qu'il parcourait silencieusement les allées du parc. Nous le voyions de temps à autre s'arrêter devant des endroits particuliers. Une fois ce fut devant un banc, il s'y assit et y demeura longtemps. Il se leva et prit une allée couverte, et en passant il y cueillit quelques fleurs.

— Ce sont des roses, me dit tout bas la vieille dame, des roses dont nous avons fait soigneusement renouveler l'espèce à l'endroit où il les a fait planter ; sans doute il croit les reconnaître. En effet, la marche de M. Darvis devenait de plus en plus vive ; il s'avançait vers un berceau placé au bout de l'allée.

Arrivé là, il s'arrêta soudainement ; et après avoir considéré le berceau presque dépouillé, il jeta avec colère le bouquet qu'il avait fait et le foula aux pieds ; puis il s'enfuit avec rapidité.

— C'est que le chèvrefeuille du berceau est mort cette année, me dit tout bas la bonne.

A ce moment une voix s'éleva dans le silence du parc :

— Marthe ! disait-elle ; ma bonne Marthe !

Darvis resta pétrifié à sa place.

— C'est Eugénie qui m'appelle, dit la vieille dame. Oh ! voyez comme sa voix a frappé M. Darvis ; c'est qu'il semble que ce soit celle de sa mère. Mille fois j'en ai été moi-même épouvantée.

La voix se rapprocha de nous, et M. Darvis, comme un homme hors de lui, la suivait en chancelant. Il semblait attaché à chacune de ces paroles qu'il entendait ; il marchait quand elle marchait, il s'arrêtait quand elle s'arrêtait. Bientôt la voix se perdit dans le lointain.

— Eugénie est dans le pavillon, me dit la bonne ; voyez, M. Darvis va de ce côté.

Nous prîmes un détour, et nous arrivâmes près du pavillon. A travers une fenêtre, nous aperçûmes M. Darvis arrêté dans la première pièce : c'était une espèce d'atelier de peinture. Çà et là des tableaux, des fleurs commencés ; c'étaient presque tous des ouvrages de sa femme ; il les examina d'un air morne. Tout à coup, il recula comme effrayé ; il avait aperçu une vue du berceau qu'il venait de quitter. Cette vue, à peine commencée par madame Darvis quelques jours avant sa mort, était entièrement achevée ; il la regarda à plusieurs reprises. Il voulut décrocher le tableau du mur, sa main tremblait : il était pâle comme un mort, et ses yeux annonçaient un affreux égarement. Enfin il réussit à prendre le tableau, mais il le laissa échapper avec effroi en y lisant le nom d'Eugénie Darvis, qui était celui de sa femme, et lui-même se laissa tomber sur un fauteuil.

A peine y était-il dans un état d'anéantissement

impossible à dire, que nous entendîmes le piano d'Eugénie. La pauvre enfant ne jouait pas des airs brillants et joyeux de Rossini, elle n'avait trouvé que la simple musique de sa mère dans le vieux château, et elle ne savait que celle-là. D'abord, elle joua quelques variations sur un air déjà bien vieux : c'était cette douce et noble romance de M. de Châteaubriand :

> Combien j'ai douce souvenance
> Du joli lieu de mon enfance.

Darvis écoutait dans une attente, dans un saisissement inexplicables. Bientôt le piano s'arrête, le prélude change, et un air triste et souffrant, un air de Méhul, commence. Bientôt encore la voix s'unit à l'instrument, et nous entendons les paroles du mari d'Hélène :

> J'étais père, et n'ai plus d'enfant,
> J'aimais et je n'ai plus d'amis.

A cet air, à cette voix, à ces paroles, Darvis se lève

éperdu ; il marche en chancelant vers le cabinet, et nous l'entendons s'écrier d'une voix entrecoupée et brisée :

— Eugénie ! Engénie !

La pauvre Eugénie, ainsi appelée, paraît ; elle voit un homme devant elle, elle le regarde. Oh ! il ne ressemblait plus au portrait ; mais il était si pâle, il avait tant souffert, qu'il ressemblait au père qui avait pu abandonner son enfant. Eugénie le reconnaît ; elle s'élance et tombe évanouie dans ses bras, en criant :

— Mon père ! mon père !

M. Darvis l'y reçut : il l'appelait ; il l'embrassait, il se serrait les bras de désespoir ; enfin.... enfin.... il pleura.

Oui, mes enfants, il pleura ; ce fut sa première consolation après dix ans de souffrance. O vous, dont les plus cuisantes douleurs n'arrivent qu'à pleurer, vous ne savez pas, enfants, ce que c'est que de souffrir sans pleurer. Quand on est arrivé là, voyez-vous, les yeux brûlent comme lorsqu'on a une horrible soif; ils sont ardents comme des foyers, et s'il vous est arrivé jamais d'éprouver, par une cruelle chaleur, le plaisir si vif d'étancher votre soif, imaginez-vous qu'il en est ainsi pour les yeux qui ne peuvent pleurer, lorsqu'ils peuvent s'abreuver de larmes; car vous saurez un jour que ces pleurs, qui sont votre plus affreuse douleur à vous, enfants, sont la première consolation des hommes faits.

Puis le bonheur rentra au cœur de M. Darvis; et aujourd'hui Eugénie est une jeune et belle femme, qui a de jeunes enfants plus heureux qu'elle ne le fut, car ils ont leur mère pour les aimer.

LE ROI DE ROME

Vous aimez les contes de fées, mes enfants, les contes où se trouvent les événements les plus extraordinaires et les plus opposés : ceux, par exemple, où il arrive que de simples chevaliers deviennent rois ; ceux où l'on voit des rois devenir pauvres et errants. Eh bien ! je veux vous en dire un, plus incroyable peut-être que celui de la *Belle au Bois Dormant,* plus intéressant et plus moral que celui du *Petit Poucet ;* oui, mes enfants, je veux vous dire un conte bien surprenant et pourtant bien vrai et bien triste. Ecoutez donc très-attentivement ; car lorsque je parle de cette touchante histoire, il me vient des larmes aux yeux comme si j'étais père, et que je fusse obligé de vous entretenir de mon pauvre enfant qui serait mort.

En 1811, toute la ville de Paris était dans l'attente, car l'impératrice Marie-Louise allait donner un héritier à l'Empereur ; et comme, ainsi que vous l'apprendrez plus tard, les femmes en France ne peuvent pas hériter du trône, c'était un événement bien important que l'enfant à qui l'épouse de l'empereur Napoléon donnerait naissance, fût un garçon plutôt qu'une fille. Or le peuple se pressait en foule autour des Tuileries. Il vous est souvent arrivé, n'est-ce pas, d'assister à une cérémonie, à une fête publique où il se trouve beaucoup de monde. Vous avez pu voir combien il faut de soins pour contenir la foule : ce sont des lignes de soldats, le fusil au bras ; des cavaliers qui vont et viennent au galop, le sabre à la main ; des gendarmes et des sergents de ville qui heurtent et repoussent rudement ceux qui s'avancent trop : et puis du côté des curieux, ce sont des cris, de gros jurons et des injures contre ceux qui les empêchent de passer. Ce jour-là, mes enfants, ce n'était pas ainsi : tout autour du château on avait tendu un mince ruban de coton, et cette foule de cent mille hommes, curieuse et avide de ce qui allait arriver, cette foule puissante et terrible, qui vingt ans avant et vingt ans après, envahit ce royal château en brisant, comme un fil, des lignes épaisses de soldats intrépides, cette grande foule s'arrêta devant ce frêle ruban ! et, s'il arriva par hasard que ce léger cordon ne demeura pas toujours immobile et droit comme un mur d'acier, c'est que le vent des équinoxes de mars le fit flotter et s'arrondir quelquefois.

Ensuite, c'était une chose dont il est bien difficile de vous donner une idée que l'aspect de cette multitude. Et pourtant ceci est vrai, et il faut que vous le sachiez, pour apprendre de bonne heure ce que c'est que d'être aimé par le peuple, ou de ne pas être aimé. Dans tous ces milliers d'hommes où se trouvaient des gens du peuple mal elevés, des enfants bruyants, des porte-faix et des femmes de la halle, il n'y avait pas un cri, pas une dispute, pas un éclat de voix ; on se parlait bas, on entrait sur la pointe des pieds dans le jardin des Tuileries, comme dans la chambre d'un malade : on se questionnait les uns les autres, les pauvres parlant aux riches sans envie, les riches répondant aux pauvres sans dédain ; c'est qu'il y avait fraternité d'amour, et qu'aimer, mes enfants, aimer, c'est presque une vertu. L'enfant qui aime sa mère, et qui a peur de lui faire de la peine, est sage et obéissant ; et le peuple qui aime aussi son souverain est calme et soumis. Et pendant ce temps, Paris, agité plus qu'à l'ordinaire, avait aussi un merveilleux aspect ; chacun paraissait empressé de finir ses affaires, afin d'avoir une heure pour venir faire sa visite d'ami à l'empereur Napoléon, dans son jardin des Tuileries, où il recevait cent mille hommes à la fois.

Tout à coup, au-dessus du murmure sourd et paisible qui s'élevait de la multitude, passe un coup de canon retentissant. — Un!! dit la foule. Et, à cet instant, comme si la parole de Dieu s'était fait entendre, tout écouta. Dans les Tuileries, il n'y eut plus un pas de fait, plus un mot de prononcé ; dans les rues, piétons, voitures, chevaux, devinrent immobiles; dans les maisons, maîtres et domestiques demeurèrent à leur place, tout se tut, tout s'arrêta, tout écouta ; et le canon parla seul, dans cet immense silence, à huit cent mille âmes attentives et muettes! seulement, à chaque coup répondait un court et vaste tressaillement, car toutes ces voix comptaient ensemble les coups de canon, toutes ces voix disaient, deux! trois! quatre! si bas, qu'on eût dit la parole d'une seule personne, et elles s'entendaient cependant comme le cri d'une armée, tant le silence était profond. Ainsi le canon tonnant tout à coup, tint Paris immobile pendant cinq minutes ; puis lorsqu'on fut au dix-neuvième coup, on eût dit que l'attention unanime redoublait; au vingtième, la grande voix du peuple sembla tremblante et émue en le comptant, et quand le vingt-unième éclata, un cri lui répondit, un cri joyeux et immense, un cri dans lequel se serait perdu le bruit de mille canons ; car c'était là le signal, et un héritier venait de naître à l'empereur Napoléon. Et aussitôt la foule, penchée pour écouter, se leva agitant sa joie ; Paris reprit sa marche ; on se parla dans les maisons. Tout remua.

Et l'on m'a conté que pendant ce grand moment, l'empereur Napoléon regardait son peuple à travers un rideau, après avoir regardé son enfant : et je sais, parce que l'un de ses soldats me l'a dit, qu'il pleurait de grosses larmes, tant il était heureux.

Et nous, mes enfants, qui avons vu ce beau jour, laissez-nous nous en souvenir ; car cette année de notre vie fut belle pour nous écoliers, belle pour la France, et il semble que Dieu eût voulu la marquer du plus grand éclat pour faire sa *leçon* plus terrible, puisqu'il parut au ciel une magnifique comète qui rendit aussi la terre féconde. Et puis, si cela ne vous importune pas, laissez-moi vous dire comment ces grandes choses nous étaient apprises, à nous enfants. Dans nos grands lycées, pour nous accoutumer le cœur aux héroïques actions, aux combats sublimes, aux courages insurmontables, on n'avait point recours aux histoires du temps passé, et à l'heure de nos repas on ne mettait à la main du lecteur monté sur sa haute chaire, ni l'histoire grecque de Léonidas, ni les fameux commentaires de César : on nous lisait les bulletins de la grande armée ; et bien souvent, il m'est arrivé, quand c'était mon tour de lecture, de sentir ma voix s'enflammer aux récits du *Moniteur*; de me mettre soudainement debout dans ma chaire, comme pour être aussi grand, de voir tous mes camarades attentifs, jusqu'à oublier leur dîner, silencieux, et l'œil ouvert, m'écoutant avec avidité jusqu'au moment où j'arrivais à la phrase banale de cette époque : La victoire est complète. Et alors, un cri de : Vive l'Empereur ! éclatait sur nos bancs, et quelquefois on nous donnait un congé, lorsque par exemple, il avait conquis la capitale d'un royaume ou d'un empire.

Mais j'oublie l'enfant qui vient de naître. Qu'a-t-il donc fait de si intéressant, me direz-vous, pour nous parler ainsi de lui?... Hélas! mes enfants, il a vécu, et par cela seul qu'il a vécu avec le nom de fils de Napoléon, sa vie a été une histoire pour le monde; une histoire intéressante pour les rois et les peuples. Et puis, s'il ne fit rien, on fit tant pour lui, qu'à peine au berceau il occupait une grande place. Et d'abord, pour le nommer, on créa de nouveau ce nom de roi de Rome, qui, depuis Tarquin le Superbe, n'avait été porté que par Charlemagne. Pour lui, on commença un palais qui devait être plus magnifique que celui de Louis XIV; pour lui, on força jusqu'à la nature; et pourvu que votre bonne ait déjà passé l'âge de la jeunesse, elle a dû vous raconter que le roi de Rome allait à la promenade dans une belle petite voiture attelée de grands et beaux moutons blancs, dont les laines soyeuses pendaient jusqu'à terre. Je me les rappelle, moi, je me souviens de les avoir vus courir sur la terrasse du bord de l'eau aux Tuileries, dociles comme des chevaux, caparaçonnés de rubans, tandis que nous les suivions avec des cris de joie; car nous disions alors : Vive le roi de Rome! Il a vécu encore longtemps après. Qui nous eût dit que nos vœux étaient un souhait de malheur!

Il vécut ainsi dans la splendeur d'un roi jusqu'à l'âge où on est encore un tout petit enfant, et où, cependant, on commence à pleurer ou à rire pour quelque chose. Un jour, le Roi de Rome fut revêtu de son petit uniforme, sa mère le prit dans ses bras, et descendit dans la place du Carrousel. Il y avait trente mille soldats assemblés, les uns trop jeunes, les autres trop vieux; la gloire de l'Empire en avait tant dévoré. Ils défilèrent tous devant l'impératrice Marie-Louise et son enfant; et tous en passant prononcèrent un serment solennel, de mourir pour elle et pour lui. Le Roi de Rome, tout petit, mais qui voyait que tous ces hommes l'aimaient, répondait à leurs acclamations en leur envoyant de ses petites mains des baisers et des sourires. Ce jour-là, ceux qui étaient près de lui trouvèrent qu'il était fier et joyeux. Quelques jours après, des voitures de voyage étaient à la porte des Tuileries, et comme les ennemis allaient envahir la ville, il fallait fuir. Or, ce que je vais vous dire n'est pas un conte inventé à plaisir : c'est vrai, aussi vrai que le pauvre enfant est mort. Au moment où l'on voulut le descendre pour partir, il s'échappa en criant : Je ne veux pas !.... Je ne veux pas !.... Il fallut le poursuivre de chambre en chambre, et lorsqu'on eut pu l'atteindre, il s'attacha à un rideau de toutes ses petites forces, sanglotant et criant : Je ne veux pas sortir de mon château des Tuileries ; je ne veux pas ! Mais on l'emporta malgré ses cris, et il n'est plus revenu.

Faut-il vous dire, maintenant, comment il a vécu loin de la France, lui dont la raison n'a pu croître que pour apprendre à souffrir ? Je ne sais s'il avait dans le cœur ou non, comme on le prétend, un regret amer de n'être plus le futur souverain de sa patrie ; mais ce qu'on ne peut nier, c'est qu'il avait un père qui se mourait à deux mille lieues de lui, et qu'il n'a pas embrassé son père. Ce qui est vrai, c'est qu'il était né en France, et qu'il est mort sans revoir la France ; et il n'est pas besoin d'être ambitieux pour souffrir de ces malheurs. Mais, me demanderez-vous peut-être, cet enfant, né au milieu de tant d'amour, de tant de transports de joie, rien ne lui est donc resté de tant de puissance et de grandeurs ? Rien, mes enfants, rien que le souvenir et les vœux du pauvre pour lequel il était une espérance ; et voici comment on peut expliquer sa vie :

Vous souvient-il d'avoir vu dans un jour d'été se lever à l'horizon un nuage d'abord imperceptible ? On l'examine et on le voit insensiblement monter, s'étendre et bientôt couvrir tout le ciel. On sent qu'il porte en lui un orage, et que, s'il vient à éclater, les éclairs et le tonnerre ébranleront les airs et que la pluie inondera la terre. L'air est suffoquant, chacun est dans l'anxiété, car l'orage sera peut-être bienfaisant, peut-être aussi sera-t-il terrible et funeste. On se tait, on attend ; lorsque tout à coup un vent du nord se lève ; son âcreté piquante disperse la nue, dissout l'orage et fait tout disparaître au ciel. Ainsi fut la vie de Napoléon, fils de Napoléon, pour la France. Les partis le virent grandir avec anxiété, les uns espérant beaucoup de lui, les autres en redoutant beaucoup : tous disant qu'il portait en lui un orage et une révolution. Mais pour lui aussi, lorsqu'il semblait près d'éclater et de lancer la foudre, se leva un vent glacé du nord qui le frappa au cœur, dispersa ses forces, vint dissoudre sa vie, fit disparaître au ciel son âme, sans que personne pût dire ce qu'elle enfermait de bien ou de mal.

Et puis, mes enfants, si quelque chagrin vous vient au cœur, pensez quelquefois à cette histoire : mesurez votre malheur à celui-là, et vous le trouverez bien petit. Et si le hasard vous a fait naître dans une position obscure, et qu'il vous prenne fantaisie d'envier ceux qui sont plus haut que vous, voyez où le malheur les réduit quelquefois ; ou, si vous êtes nés parmi les puissants du jour, ne soyez pas trop confiants en votre fortune : car, à coup sûr, elle n'est pas si haute que celle du Roi de Rome, et elle peut tomber plus bas.

LE SAPEUR DE DIX ANS

Il y avait en 1812, au 9ᵉ régiment de ligne, un petit tambour qui n'avait que dix ans. C'était un enfant de troupe qui s'appelait Frolut de son véritable nom, mais que les soldats avaient surnommé Bilboquet. En effet, il avait un corps si long, si maigre et si fluet, surmonté d'une si grosse tête, qu'il ressemblait assez à l'objet dont on lui avait donné le nom ; Frolut ou Bilboquet, comme vous voudrez, n'était pas, du reste, un garçon autrement remarquable. Le tambour-maître lui avait si souvent battu la mesure sur les épaules avec sa grande canne de jonc, que l'harmonie du ra et du fla avait fini par lui entrer dans la tête et dans les mains. Voilà tout. Mais il ne portait pas le bonnet de police hardiment suspendu sur l'oreille droite, comme les moindres le faisaient ; il ne savait pas non plus marcher en se dandinant agréablement à l'exemple de ses supérieurs, et un jour de paie, qu'il avait voulu laisser pendre son sabre par devant et entre ses jambes comme les élégants du régiment, il s'était embarrassé les pieds en courant et était tombé sur son nez, qu'il s'était horriblement écorché, à la grande joie de ses camarades. On riait beaucoup de lui, qui ne riait de personne, de sorte qu'il n'y avait pas égalité ; aussi avait-il dans ses habitudes un fond de sauvagerie et d'éloignement bien rare à son âge. Mais comment en eût-il été autrement? Souvent il avait voulu faire comme les autres ; mais, par un guignon inconcevable, il ne réussissait à rien. Quand il jouait à la drogue, il perdait toujours ; et, soit malice des autres tambours, soit qu'il eût en effet un nez en pomme de terre, comme le prétendait son camarade de gauche, qui, tous les matins, lui répétait les mêmes plaisanteries, en lui disant : Range ton nez que je m'aligne ; soit toute autre cause, toujours est-il que la drogue qu'on lui mettait sur le nez le pinçait si horriblement que les larmes lui en venaient aux yeux. D'autres fois, quand on jouait à la main chaude et qu'il était pris, au lieu de frapper avec la main, et des mains de grenadiers, larges comme des battoirs de blanchisseuses, c'était déjà bien honnête, on prenait des ceinturons, sans en ôter souvent la boucle ; il y en avait qui s'armaient de leurs gros souliers à clous et qui s'en servaient pour jouer. Le jeune Bilboquet se levait alors furieux, pleurant de rage et de douleur, il s'en prenait à tout le monde et ne devinait jamais. Puis, quand on était fatigué de lui avoir ainsi meurtri les mains, on le chassait en l'appelant cagne et pleurard. Le lendemain on retournait à l'exercice, et comme le malheureux tambour avait encore les mains tout endolories de la veille, les ra et les fla n'étaient pas toujours parfaits, et la canne de jonc du tambour-maître venait immédiatement rétablir la mesure. Vous comprenez qu'il y avait de quoi dégoûter Bilboquet des plaisirs militaires ; aussi, comme je vous le disais tout à l'heure, il était très-peu communicatif, et se tenait toujours à l'écart.

Un jour, c'était le 12 juillet 1812, le général reçoit de l'Empereur l'ordre de s'emparer d'une position qui était de l'autre côté d'un énorme ravin. Ce ravin était défendu par une batterie de six pièces de canon qui enlevait des files entières de soldats, et pour arriver à l'endroit qu'avait désigné l'Empereur, il fallait s'emparer de cette batterie. A ce moment, le régiment de Frolut était sur le bord de la Dwina ; car l'histoire que je vous rapporte s'est passée dans la fameuse campagne de Russie : tout à coup on voit arriver au grand galop un aide de camp du général qui apportait l'ordre à deux compagnies de voltigeurs de s'emparer de cette batterie. C'était une opération hardie, où il y avait à parier que périraient plus des trois quarts de ceux que l'on y envoyait ; aussi les voltigeurs, malgré leur intrépidité, se regardèrent-ils entre eux en secouant la tête et en haussant les épaules : on en entendit même quelques-uns, et des plus anciens, qui dirent tout bas en grognant et en se montrant les canons : Est-ce qu'il croit, le général, que ces cadets-là crachent des pommes cuites ? Ou bien : Est-ce qu'il a envie de nous servir en hachis aux Cosaques, qu'il nous envoie deux cents contre cette redoute ?

Soldats ! s'écria l'aide de camp, c'est l'ordre de l'Empereur ; et il repartit au galop.

Fallait donc le dire tout de suite, blanc-bec, dit alors un vieux sergent en assujettissant sa baïonnette au bout de son fusil : allons, allons, faut pas faire attendre le Caporal ; quand il vous a dit de vous faire tuer, il n'aime pas qu'on rechigne.

Cependant il entrait encore quelque hésitation dans la compagnie, et déjà deux fois le capitaine qui les commandait avait donné l'ordre au tambour-maître de prendre deux tambours, de se mettre en avant, et de battre la charge. Celui-ci restait appuyé sur sa grande canne, hochant la tête et peu disposé à obéir. Pendant ce temps, Bilboquet, à cheval sur son tambour et les yeux levés sur son chef, sifflait un air de fifre, et battait le pas accéléré avec ses doigts. Enfin l'ordre venait d'être donné une troisième fois au tambour-maître ; il ne paraissait pas disposé à obéir davantage, lorsque tout à coup Bilboquet se relève, accroche son tambour à son côté, prend ses baguettes, et, passant sous le nez du tambour-maître, il le toise avec orgueil, lui rend d'un seul mot toutes les injures qu'il avait sur le cœur, et lui dit : Viens donc, grande cagne.

Le tambour-maître veut lever sa canne, mais déjà Bilboquet était à la tête des deux compagnies battant la charge comme un enragé. Les soldats, à cet aspect, s'avancent après lui et courent vers la terrible batterie. Elle décharge d'un seul coup ses six pièces de canon, et des rangs de nos braves voltigeurs s'abattent et ne se relèvent plus. La fumée poussée par le vent, les enveloppe, le fracas du canon les étourdit, mais la fumée passe, le bruit cesse un instant, et ils voient debout, à vingt pas devant eux, l'intrépide Bilboquet, battant, battant la charge, et ils entendent son tambour, dont le bruit, tout faible qu'il soit, semble narguer tous ces gros canons qui viennent de tirer. Les voltigeurs courent toujours, et toujours devant eux le tambour et son terrible rlan, rlan qui les appelle ; enfin une seconde décharge de la batterie éclate et perce d'une grêle de mitraille les débris acharnés des deux belles Compagnies. A ce moment, Bilboquet se retourne et voit qu'il reste à peine cinquante hommes des deux cents qui étaient partis, et aussitôt comme transporté d'une sainte fureur de vengeance, il redouble de fracas : on eût dit vingt tambours battant à la fois, jamais le tambour-maître n'avait si hardiment frappé une caisse. Les soldats s'élancent de nouveau et entrent dans la batterie, Bilboquet le premier, criant à tue-tête aux Russes :

Les morceaux en sont bons, les voici ; attendez, attendez! Pendant ce temps Napoléon, monté sur un tertre, regardait exécuter cette prise héroïque. A chaque décharge il tressaillait sur son cheval isabelle ; puis, quand les soldats entrèrent dans la batterie, il baissa sa lorgnette en disant tout bas : Braves gens ! !

Et dix mille hommes de la garde qui étaient derrière lui se mirent à battre des mains et applaudir en criant :

Bravo, les voltigeurs ! ! et ils s'y connaissaient, je vous jure.

Aussitôt, sur l'ordre de Napoléon, un aide de camp courut jusqu'à la batterie et revint au galop.

Combien sont ils arrivés ? dit l'Empereur ?

— Quarante, répondit l'aide de camp.

— Quarante croix demain, dit l'Empereur, en se retournant vers son Major général.

Véritablement le lendemain, tout le régiment forma un grand cercle autour des restes des deux compagnies de voltigeurs, et on appela successivement le nom des quarante braves qui avaient pris la batterie, et l'on remit à chacun la croix de la Légion d'honneur. La cérémonie était finie, et tout le monde allait se retirer lorsqu'une voix sortit du rang et fit entendre ces mots avec un singulier accent de surprise:

— Et moi! moi! je n'ai donc rien?

Le général B.... qui distribuait les croix, se retourna et vit planté devant lui notre camarade Bilboquet, les joues rouges et l'œil presque en larmes.

Toi? lui dit-il, que demandes-tu?

Mais, mon général, j'en étais, dit Bilboquet presque en colère; c'est moi qui battais la charge en avant, c'est moi qui suis entré le premier.

Que veux-tu, mon garçon? on t'a oublié, répondit le général; d'ailleurs, ajouta-t-il en considérant que c'était un enfant, tu es encore bien jeune, et on te la donnera quand tu auras de la barbe au menton; en attendant, voilà de quoi te consoler.

En disant ces paroles, le général tendit une pièce

de vingt francs au pauvre Bilboquet, qui la regarda sans penser à la prendre. Il s'était fait un grand silence autour de lui, et chacun le considérait attentivement; lui demeurait immobile devant le général, et de grosses larmes roulaient dans ses yeux. Ceux qui s'étaient le plus moqués de lui paraissaient attendris, et peut-être allait-on élever une acclamation en sa faveur, lorsqu'il releva vivement la tête, comme s'il venait de prendre une grande résolution, et il dit au général :

— C'est bon, donnez toujours. Ce sera pour une autre fois.

Et sans plus de façons, il mit la pièce dans sa poche, et s'en retourna dans son rang, en sifflant d'un air délibéré et satisfait.

A partir de ce jour, on ne se moqua plus autant du petit Bilboquet, mais il n'en devint pas pour cela plus communicatif; au contraire, il semblait rouler dans sa tête quelque fameux projet, et au lieu de régaler ses camarades, comme ils s'y attendaient, il serra soigneusement son argent.

Quelque temps après, les troupes françaises entrèrent à Smolensk, victorieuses et pleines d'ardeur ; Bilboquet en était, et le jour même de l'arrivée, il alla se promener par la ville, paraissant très-content de tous les visages qu'il rencontrait : il les considérait d'un air riant et semblait les examiner comme un amateur qui choisit des marchandises. Il faut vous dire cependant qu'il ne regardait ainsi que les paysans qui portaient de grandes barbes. Elles étaient sans doute très-belles et bien fournies, mais toutes d'un roux si laid, qu'après un moment d'examen, Bilboquet tournait la tête et allait plus loin. Enfin, en allant ainsi, notre tambour arriva au quartier des juifs. Les juifs, à Smolensk, comme dans toute la Pologne et la Russie, vendent toutes sortes d'objets et ont un quartier particulier. Dès que Bilboquet y fut entré, ce fut pour lui un vrai ravissement : imaginez-vous les plus belles barbes du monde, noires comme de l'ébène; car la nation juive, toute dispersée qu'elle est parmi les autres nations, a gardé la teinte brune de sa peau et le noir éclat de ses cheveux. Voilà donc notre Bilboquet enchanté. Enfin il se décide et entre dans une petite boutique où se trouvait un marchand magnifiquement barbu. Le marchand s'approche de notre tambour et lui demande humblement en mauvais français :

— Qué foulez-vous, mon petit monsir?

Je veux ta barbe, répondit cavalièrement Bilboquet.

— Mon parpe! dit le marchand stupéfait; fous foulez rire?

Je te dis, vaincu, que je veux ta barbe, reprend le vainqueur superbe en posant la main sur son sabre; mais ne crois pas que je veuille te la voler : tiens, voilà un Napoléon, tu me rendras mon reste.

Le pauvre marchand voulut faire entendre raison au petit Bilboquet, mais il était entêté comme un cheval aveugle et il s'engagea une dispute qui attira bientôt quelques soldats. Ils entrèrent pour s'informer du motif de la querelle, et ils trouvèrent l'idée du tambour si drôle qu'ils obligèrent le pauvre juif à lui céder sa barbe, et l'un d'eux, gascon et perruquier du régiment, tira des rasoirs de sa poche, et se mit à raser le malheureux marchand sans eau ni savon; puis, après l'avoir horriblement écorché, il remit sa tonte à Bilboquet qui l'emporta triomphant. En arrivant au régiment, il la fit coudre par le tailleur sur un morceau de peau d'âne d'un tambour crevé, et sans rien dire à personne de son dessein, il la mit au fond de son sac. On en causa pendant quelques jours, mais il fallut bientôt songer à autre chose. On se remit en marche, et personne ne pensait plus au petit Bilboquet quand on arriva à Moskow.

Alors il arriva d'affreux malheurs, le froid et la dévastation privèrent l'armée française de toutes ses ressources, la famine l'atteignit, et bientôt il fallut se retirer à travers un pays désert et des neiges sans fin. Je ne veux pas vous faire un tableau de cet horrible désastre; c'est une chose trop vaste et trop épouvantable à la fois pour que je vous en parle dans cette histoire : qu'il vous suffise de savoir que chacun s'en retournait comme il le pouvait, et que c'est à peine s'il restait quelques régiments réunis en corps d'armée et obéissant à ses généraux. Celui de Bilboquet était de ce nombre. Il était de l'arrière-garde qui empêchait les milliers de Cosaques, qui suivaient la retraite de l'armée, de massacrer les malheureux soldats isolés.

Un jour, ils venaient de franchir une petite rivière, et pour retarder la poursuite des ennemis, on avait essayé de faire sauter deux arches du pont en bois qu'on venait de traverser ; mais les tonneaux de poudre avaient été posés si précipitamment, que l'explosion ne produisit que peu d'effet ; les arches furent cependant démantibulées, mais toute la charpente appuyait encore sur une poutre qui la retenait, et qui, si les ennemis fussent arrivés, eût bientôt permis de reconstruire le pont.

Le général qui commandait, voyant que le salut

d'une partie de l'armée dépendait de la destruction de ce pont, voulut envoyer quelques sapeurs pour abattre cette poutre et entraîner le reste de la charpente ; mais, au moment où ils s'apprêtaient à s'embarquer, l'ennemi arrive de l'autre côté de la rivière et commence un feu si terrible de coups de fusil, qu'il ne paraissait pas probable qu'aucun sapeur pût arriver vivant jusqu'à la fatale poutre. Aussi allait-on se retirer en se défendant, lorsque tout à coup on voit s'élancer un soldat dans la rivière, une hache sur l'épaule ; il plonge et reparaît bientôt, et à sa barbe on reconnaît bientôt que c'est un sapeur qui se dévoue au salut de tous. Tout le régiment attentif le suit des yeux tandis qu'il nage et que les ennemis font bouillonner l'eau autour de lui d'une grêle de balles ; mais le brave sapeur n'en avance pas moins vigoureusement. Enfin il arrive après des efforts inouïs, monte sur le pied de la pile, et en quelques coups de hache, abat le reste de la poutre qui de loin semblait énorme, mais qui était aux trois quarts brisée. Aussitôt la charpente des deux arches s'abîme dans la rivière, l'eau jaillit en l'air avec un fracas terrible, et l'on ne voit plus le brave sapeur. Mais tout à coup, parmi les débris qui surnagent, on l'apperçoit se dirigeant vers la rive. Tout le monde s'y élance rempli d'admiration et de joie, car, malgré tant de malheurs, on était joyeux de voir faire de si nobles actions ; on tend des perches au nageur, on l'excite, on l'encourage ; le général lui-même s'approche jusqu'au bord de l'eau, et n'est pas peu étonné de voir sortir Bilboquet avec une grande barbe noire pendue au menton.

— Qu'est-ce que c'est que ça ? s'écrie-t-il, et que signifie cette mascarade ?

— C'est moi, dit le tambour, c'est Bilboquet, à qui vous avez dit qu'on lui donnerait la croix quand il aurait de la barbe au menton. En voici une qui est fameuse, j'espère... Allez, allez, je n'y ai rien épargné ; il y en a pour votre argent, et vos vingt francs y ont passé.

Le général demeura stupéfait de tant de courage et de finesse à la fois. Il prit la main à Bilboquet comme s'il eût été un homme, et lui donna, sur-le-champ, la croix que lui-même portait à sa boutonnière, et qu'il avait gagnée aussi à force de bravoure et de services. Depuis ce temps, les anciens du régiment saluaient Bilboquet avec amitié, et le tambour-maître ne lui donna plus de coups de canne.

M. PERROQUET

M. de Vintimil possédait près de Charenton, à quelques lieues de Paris, une belle maison de campagne, où il recevait beaucoup de monde. C'était son plus grand plaisir, et il mettait tant de soin dans le choix des personnes qu'il invitait, tant de bonne grâce dans l'accueil qu'il leur faisait, qu'on citait partout la société qui s'assemblait chez lui, comme une des plus charmantes réunions qui existassent, et sa maison comme une école d'esprit et de politesse. M. de Vintimil était un riche banquier, la plupart du temps occupé d'affaires de la plus haute importance, et qui n'avait d'autre délassement que les heures d'entretien intime qu'il passait au milieu de ses amis. M. de Vintimil était veuf et n'avait qu'un fils qui s'appelait Ludovic. Il avait confié son éducation à un professeur, très-savant et très-capable d'enseigner tout ce qu'il savait ; mais le pauvre professeur, une fois sorti de ses livres et de sa science, n'entendait pas grand'chose aux usages du monde, et n'était guère propre à former le caractère ou à polir les manières d'un enfant. Du moment que Ludovic avait fait ses versions grecques et latines sans contresens, et qu'il avait récité sans faute les beaux passages qu'il lui faisait apprendre, le père Honoré, comme l'appelaient les domestiques, était satisfait. Et toutes les fois que M. de Vintimil lui demandait où en étaient les progrès de son fils, il se répandait en éloges flatteurs sur son compte. En effet, Ludovic était un garçon fort studieux et plein d'intelligence, et son père avait, sous ce rapport, raison d'en être heureux et fier. Mais cette bonne qualité de Ludovic était plutôt un malheur qu'autre chose, car elle servait à cacher des défauts qui en faisaient pour tous les autres un enfant insupportable. Ainsi, il était insolent, querelleur, et, par-dessus tout, curieux et bavard à l'excès. Les domestiques n'osaient se plaindre, et les amis de M. de Vintimil, qui le voyaient prévenu en faveur de son fils par les rapports du père Honoré, craignaient de lui faire du chagrin en le désabusant. Ils espéraient que l'âge corrigerait Ludovic, et se taisaient en attendant. Mais leur indulgence, mal appréciée par le petit bonhomme, ne servit qu'à laisser développer plus activement en lui ses méchantes inclinations.

Ainsi, dans le parc, Ludovic se glissait le long des charmilles, ou se rencognait dans un massif, et de là il écoutait tout ce qui se disait, et puis il n'avait rien de plus pressé que d'aller le répéter; et il arrivait qu'une plaisanterie innocente ou une réflexion un peu brusque faite dans un moment de gaîté ou d'humeur, devenait des sujets de discussions aigres, et quelquefois de brouilleries sérieuses. Dans d'autres circonstances, il se cachait derrière les portes, et là, l'oreille au guet, l'œil appliqué sur le trou de la serrure, il épiait tout le monde aux heures où chacun se croit en sûreté dans son intérieur.

Il avait remarqué qu'un certain baron de Lallois, auquel M. de Vintimil devait l'origine de sa fortune, et qui passait ordinairement tous les étés chez son père, s'enfermait quelquefois tout seul dans sa chambre et y demeurait assez longtemps. M. de Lallois était un ancien émigré qui avait perdu toute sa fortune, et que M. de Vintimil accueillit avec d'autant plus de distinction qu'il savait qu'il était pauvre. Les domestiques avaient même reçu l'ordre formel de lui obéir avec plus d'empressement et de respect qu'à toute autre personne; car il faut que vous sachiez, mes enfants, que le malheur est une meilleure recommandation envers les cœurs sensibles que la plus haute fortune, et que la délicatesse qu'on met à offrir un bienfait est souvent plus précieuse pour celui qu'on oblige que le bienfait lui-même. Par exemple, ce que le baron de Lallois aimait dans la généreuse hospitalité qu'il recevait de M. de Vintimil, c'est que tout le monde ignorait qu'il en eût besoin. Cet excellent homme poussait même l'attention jusqu'à sauver au vieux baron les moments d'embarras où souvent on le mettait sans intention. Ainsi lorsque quelqu'un proposait à M. de Lallois une partie de trictrac ou de wisth, qui se trouvait trop chère pour ses moyens, M. de Vintimil lui épargnait le désagrément d'un refus en s'écriant à propos :

— Non ! non ! je garde le baron pour moi, il s'est engagé à faire ma partie d'échecs ce soir :

Et comme la partie d'échecs était intéressée d'un petit écu seulement, et que le baron y était incontestablement plus fort que M. de Vintimil, le baron y gagnait deux choses : d'abord le petit écu, ce qui n'en valait pas la peine, et puis le plaisir de dire, en se frottant les mains :

— Ce brave Vintimil, il s'est bien défendu ; mais il n'est pas de force, je l'obligerai bien à en convenir.

4.

Puis il racontait à chacun le coup admirable qui avait décidé la partie ; et ce plaisir était bien grand pour le baron.

Mais revenons à ce que je vous disais, que M. de Lallois s'enfermait souvent dans sa chambre. Ludovic seul ne l'avait pas remarqué ; mais personne ne s'en était inquiété. Il n'en fut pas ainsi de notre curieux, et il fit si bien qu'il parvint à découvrir le secret des retraites du baron, un jour qu'il avait annoncé au salon qu'il ne descendrait que pour dîner. A peine Ludovic eut-il entendu cette parole, que le voilà qu'il grimpe les escaliers quatre à quatre, et qu'il entre comme un petit voleur dans la chambre de M. de Lallois. Il y cherche en grande hâte une cachette, et n'en trouvant pas de convenable, il se jette tout essoufflé sous le lit, en entendant monter lentement le vieil ami de son père.

Le baron arrive, et, à la grande joie de Ludovic, il ferme sa porte avec soin tire le verrou, et, comme il connaissait mieux que personne la curiosité du petit drôle, il masque le trou de la serrure avec une feuille de papier. Tant de précautions, tout en assurant le petit curieux qu'il allait enfin voir ce qu'il désirait si vivement, l'alarmaient cependant, car il commença à craindre qu'il ne se passât quelque chose d'extraordinaire. Bientôt il voit M. de Lallois ouvrir son secrétaire et en tirer une petite boîte qu'il ouvre à son tour avec une petite clef qu'il portait suspendue à la chaîne d'acier de sa vieille grosse montre d'argent. A ce moment la crainte et la curiosité de Ludovic étaient excitées au plus haut point, car il supposait en même temps que ce que contenait la boîte devait être bien précieux, et, d'un autre côté, il avait remarqué qu'elle avait résonné quand le baron l'avait posée sur la table, comme si elle contenait des instruments de fer.

Enfin la boîte s'ouvre, et Ludovic en voit tirer à son grand étonnement une paire de ciseaux, un étui, et deux ou trois pelotons de fil ou de soie. Le baron en choisit un, et sa figure marque le plus vif désappointement, lorsqu'il s'aperçoit qu'il ne lui reste pas une demi-aiguillée de soie noire. Il se gratte le front, il tourne et retourne tout ce qui se trouve sur sa table et n'en devient pas plus riche. Enfin, après bien des hésitations, il se décide à prendre une aiguillée de fil blanc, et d'un air profondément triste, il déboutonne sa vieille culotte et l'ôte tout à fait, puis il s'assied devant sa table, et, après avoir longtemps considéré sa culotte et son fil en secouant pensivement la tête, il se met à l'ouvrage, et raccommode le mieux qu'il peut un accroc assez mal placé, et qu'il s'était fait en s'asseyant sur une chaise de jardin dont un clou dépassait. La reprise finie, il remet sa culotte, et voit avec satisfaction que les plis du pan de l'habit couvrent parfaitement la couture, et que personne ne s'apercevra de l'accident et ne devinera qu'il n'a pas le moyen de changer de vêtement.

L'heure du dîner sonne, M. de Lallois quitte sa chambre, et Ludovic après lui, riant en lui-même de la vieille culotte du baron, et se promettant bien d'en faire rire les autres. Mais le dîner commença avant qu'il eût trouvé personne à qui faire sa confidence. Bientôt la conversation s'engage, et l'on parle de diverses choses. Tout à coup, au milieu d'une discussion sur la conduite d'une personne qui se croyait bien adroite, et dont personne cependant n'était la dupe, voilà le baron qui prend la parole, et qui, se servant d'une tournure de phrase assez usitée en pareille circonstance, dit à son voisin :

— Bah! tout ça, mon cher, ce sont des finesses cousues de fil blanc.

— Tiens! tiens! c'est comme votre culotte, s'écrie Ludovic aussitôt.

A ces mots le baron rougit, et tout le monde s'étonne. M. de Vintimil qui causait avec une autre personne, et qui n'avait pas entendu la réflexion de Ludovic, ne put le faire taire que lorsque le bavard en a déjà assez raconté pour que l'on comprenne ce dont il s'agit. Tous les regards se tournent sur le malheureux vieillard, qui, les yeux fixés sur son assiette, semblait dévorer son humiliation. Cependant, il essaie de se remettre; mais, se voyant ainsi l'objet de l'attention générale, il se trouble davantage; il veut détourner le coup par une plaisanterie, et balbutie. Enfin le cœur gonflé, il se lève de table; et malgré lui, en s'éloignant, il essuie avec sa serviette une larme prête à s'échapper de ses yeux.

M. de Vintimil gronda sévèrement Ludovic de son indiscrétion, et lui ordonna de courir après M. de Lallois et de lui demander pardon. Mais il n'était plus temps, et le concierge dit à M. de Vintimil qui le cherchait aussi de son côté, qu'il venait de sortir ayant sa canne et son chapeau, et qu'il lui avait donné deux louis pour les remettre aux domestiques. C'était peut-être le fruit de longues privations que le pauvre baron venait de sacrifier, pour une plaisanterie de M. Ludovic. C'était bien plus, mes enfants, car il ne reparut plus au château, quelques instances qu'on fît près de lui.

Cette aventure aurait dû corriger notre curieux,

car il avait blessé d'un coup, grâce à ses vilains défauts, les deux choses les plus respectables de la terre, la vieillesse et la pauvreté. Faire rougir un vieillard! humilier un pauvre! Si, par inattention, ce malheur m'arrivait, je leur en demanderais pardon à deux genoux devant tout le monde. Mais, hélas! le vice était trop enraciné dans l'âme de Ludovic pour qu'il se corrigeât si facilement, et d'ailleurs M. de Vintimil, en déplorant ce qui était arrivé, crut que ce n'était qu'une étourderie et finit par pardonner. Mais il eut bientôt à se repentir pour lui-même de ne pas avoir corrigé sévèrement le curieux. Quelque temps après ce que nous venons de rapporter, on parlait beaucoup dans le salon de M. de Vintimil, d'une très-grosse affaire où il pouvait gagner énormément; mais, pour l'entreprendre, il devait s'associer avec un autre banquier qui fournissait beaucoup d'argent. Ce banquier s'appelait M. Didenol et était beaucoup plus riche en écus qu'en esprit. Un jour que M. de Vintimil avait discuté avec lui et d'autres intéressés comment il fallait prendre cette fameuse affaire, M. Didenol se retira, sans que personne eût pu lui faire comprendre une opération fort simple et dont chacun reconnaissait l'utilité. Dès qu'il fut parti, chacun se récria sur le désagrément qu'il y avait à faire des affaires avec des gens bornés comme ce M. Didenol : chacun disait son mot. M. de Vintimil lui-même ne put s'empêcher de les approuver ; car il leur dit en les rassurant un peu :

— Il est vrai que ce pauvre Didenol n'a pas inventé la poudre ; mais il doit revenir demain, et j'espère le convaincre, car sans lui nous ne pouvons rien.

Ludovic, qu'on avait oublié dans un coin et qui avait entendu toute cette discussion, n'y avait rien compris, et il avait encore moins compris la phrase de son père, car il ne savait pas qu'on dit vulgairement d'un homme sans esprit ni jugement, qu'il n'a pas inventé la poudre.

Le lendemain venu, M. Didenol arrive et attend au salon que M. de Vintimil descende. Ludovic était à son poste; car dès qu'il entendait sonner le timbre de la grille qui annonçait l'arrivée d'un étranger, il ne manquait jamais d'accourir pour connaître le nouvel arrivant; il ne voit pas plutôt M. Didenol qu'il se félicite de la rencontre et qu'il s'écrie :

— Ah! tiens : c'est bon, M. Didenol va me dire ça.....

— Que voulez-vous que je vous dise, mon petit ami? reprit le banquier, en l'embrassant et en le mettant sur ses genoux.

— Je voudrais que vous me dissiez quelque chose qui me paraît bien drôle, répondit Ludovic en le regardant d'un air malin.

— Qu'est-ce que c'est? dit M. Didenol.

— Savez-vous, demanda Ludovic, savez-vous qui est-ce qui a inventé la poudre?

M. Didenol, très-surpris à cette question, répondit en souriant :

— C'est un moine espagnol, je crois... Mais pourquoi me demandez-vous ça?

— Ah! c'est que papa disait hier que ce n'était pas vous, répond Ludovic en se dandinant comme s'il eût fait un chef-d'œuvre.

— Ah! votre papa a dit ça? reprit M. Didenol en se levant d'un air piqué.

— Oui, papa a dit ça.

— C'est bien, c'est bien! murmura le banquier dans ses dents; et tout aussitôt il sortit du château sans attendre M. de Vintimil, qui eut beau s'informer de la cause du départ de son associé. Il s'apprêtait à lui écrire, lorsqu'il reçut le petit billet suivant :

« Monsieur,

» Je n'ai pas inventé la poudre, c'est vrai, mais je ne suis pas encore assez sot pour m'associer avec des gens qui me traitent comme une perruque.

» Je suis votre serviteur. »

M. de Vintimil ne comprenait rien à cette lettre, lorsqu'à force de questions il finit par apprendre que M. Didenol était resté seul avec Ludovic dans le salon ; il se rappela alors ses propres paroles de la veille, et il fut assuré que c'était à son fils qu'il devait la perte d'une magnifique affaire.

Cette fois la correction fut plus sérieuse que la première, mais il était réservé aux défauts de Ludovic d'amener encore de plus grands malheurs. Et ce fut un bien triste événement qui le corrigea.

Ainsi Ludovic, par sa sotte indiscrétion, avait déjà fait perdre à son père un vieil ami et une très-belle affaire. Avant d'aller plus loin, il est bon de vous dire, mes amis, que les défauts ont cela d'affreux chez les enfants, de même que chez les hommes, que du moment qu'on ne les détruit pas, ils ne font que croître, comme les mauvaises herbes dans les jardins. Ainsi Ludovic, qui d'abord était curieux et bavard, devint espion et rapporteur ; ensuite il arriva que, comme tout le monde se cachait de lui, il devint méchant, et qu'il inventait des histoires lorsqu'il ne pouvait rien découvrir. Il était devenu le fléau de la belle société de son père : chacun craignait de parler devant lui, sûr que ses paroles seraient redites à tout le monde, sinon envenimées. Il avait failli faire battre en duel deux commis de M. de Vintimil, parce que l'un d'eux avait dit, à propos de son camarade, qui était gros, court et joufflu, et qui devait se marier avec une demoiselle grande et mince: « Il me semble voir un potiron qui épouse une asperge. »

Ludovic avait entendu cette plaisanterie, et n'avait pas manqué d'aller la raconter tout de suite à l'autre commis; et, sans l'intervention de M. de Vintimil, qui fut averti à propos, l'affaire serait devenue très-grave.

Enfin, c'étaient tous les jours de nouveaux traits, et M. de Vintimil, malgré sa tendresse pour son fils, se résolut à s'en séparer et à le mettre dans un collége, comptant bien que les bonnes corrections que ne lui épargneraient pas ses camarades finiraient par le corriger.

Il était venu dans cette intention à Paris, espérant laisser Ludovic tout seul à la campagne. Il est inutile de vous dire qu'aussitôt le départ de son père, Ludovic se prit à tout retourner dans la maison. Il était fort occupé à ce soin, lorsque arrive tout à coup un homme à cheval qui demande M. de Vintimil, et qui veut absolument lui remettre une lettre très-pressée. Au bruit que fait cet homme, Ludovic accourt et s'informe de ce qui se passe ; et, sur ce qu'il assure que son père rentrera avant deux heures, le courrier consent, après bien des contestations, à laisser la lettre. Voici donc notre curieux en possession d'une lettre bien importante : il la prend, l'emporte dans le salon, la jette d'abord sur la table et se met à lire près d'une croisée ; cependant de temps en temps il regarde la lettre du coin de l'œil, puis il jette son livre et tourne autour de la table, puis il prend la lettre, la pose, l'examine, la repose, la reprend encore ; puis il l'entr'ouvre un peu, s'aperçoit qu'on peut en lire quelque chose, et enfin, enfin...

il se décide à ouvrir la lettre, qui n'était cachetée que très-légèrement. Oui, mes enfants, il ouvrit la lettre! et vous saurez qu'une telle action est un crime. Aux yeux d'un homme d'honneur, une misérable feuille de papier fermée par un petit morceau de cire est un asile plus impénétrable qu'une forteresse, et un secret confié au papier y est plus en sûreté que dans un coffre de fer fermé de vingt cadenas. Mais la curiosité fait oublier tous les bons sentiments : donc Ludovic ouvrit la lettre, et voici ce qu'il lut :

« Monsieur,

» Hâtez-vous d'envoyer chercher le jeune Richard, votre filleul ; le médecin de notre établissement a déclaré qu'il était atteint d'une manière mortelle, mais que, par des soins persévérants, on arriverait à prolonger son existence. Ces soins pourront lui être plus facilement prodigués chez vous que dans notre maison, et j'ai cru devoir vous en avertir sur-le-champ.

» J'ai l'honneur d'être, etc...

» M...

» *Chef de l'Institution des Sourds-Muets.* »

Ce Richard était le fils d'un fermier de M. de Vintimil ; et ce pauvre garçon, né sourd-muet, était élevé aux frais de son parrrain qui en prenait le plus grand soin. Il faut dire, à l'honneur de Ludovic, qu'il fut très-affecté de la nouvelle qu'il venait d'apprendre. Cependant il referme la lettre, et vers le soir, il voit arriver dans l'avenue la voiture de son père ; mais il s'aperçoit qu'elle vient seulement au pas, et que M. de Vintimil marche à pied bien loin en arrière, en causant avec son médecin M. Lambert. Ludovic, toujours curieux, s'élance dans l'avenue, et arrivé près de la voiture, il demande au cocher ce qu'il y a de neuf. Celui-ci lui répond que c'est le petit Richard, qui est très-malade, et que M. de Vintimil, qui en avait été averti la veille à Paris, ramène avec lui. Ludovic continue sa course, et arrive près de son père au moment où M. Lambert lui disait :

— Non-seulement on peut le faire vivre longtemps ; mais encore on peut le sauver, pourvu qu'il n'éprouve aucune émotion violente, et surtout qu'il ignore son danger.

— Ah ! tant mieux ! s'écrie Ludovic étourdiment, Ce M. M... qui écrivait à papa qu'il en mourrait, ça me faisait peur.

Il n'eut pas plutôt dit ces mots, qu'il s'aperçut, au regard terrible de son père, qu'il s'était dénoncé lui-même sans s'en douter.

— D'où savez-vous que M. M.... m'a écrit ? lui dit M. de Vintimil d'une voix sévère.

— Papa, c'est qu'il est venu un courrier... répondit Ludovic en balbutiant ; oui... le courrier est venu avec sa lettre..... et puis, c'est le courrier qui vous a dit... Voyez-vous, papa, il y a...

— Il y a, reprend M. de Vintimil, que vous êtes un petit malheureux, que vous avez lu une lettre qui était adressée à votre père ! Rentrez, Monsieur ; envoyez-moi cette lettre, et que je ne vous revoie que quand je vous ferai appeler.

Ludovic, plus mortifié d'avoir été ainsi traité que malheureux de sa faute, retourne au château, prend la lettre sur une table, et la chiffonne avec colère en laissant échapper des malédictions contre le pauvre Richard. Enfin il voit la voiture s'arrêter, et, avant d'aller s'enfermer dans sa chambre, il va à l'office, y trouve un domestique, et lui dit brutalement :

— Tenez, portez ça à mon père.

Le domestique étonné lui répond :

— Où donc est-il, M. votre père, que vous n'y allez pas vous-même ?

— Est-ce que je sais ? répondit Ludovic d'un air insolent. Il est avec son petit Richard. Tenez, vous dis-je, portez-leur cette lettre, ça les regarde tous les deux.

5.

Le domestique fort surpris prend la lettre qui, mal cachetée, s'était ouverte pendant que Ludovic a chiffonnait. Il va dans la chambre où l'on avait transporté Richard et n'y trouve point M. de Vintimil, qui recevait de M. Lambert les instructions sur les soins à prendre du malade. Le domestique n'avait pas trop compris ce que lui avait dit Ludovic, mais il avait entendu que la lettre concernait Richard; il s'approche donc du malade, et la lui présente. Celui-ci la prend; et un éclair de joie brille dans ses yeux, quand il reconnaît l'écriture de M. M.... Mais il lit l'adresse, et du geste il demande au domestique si c'est véritablement pour lui. Le domestique se rappelant seulement les derniers mots de Ludovic, ou peut-être comprenant mal le langage du muet, lui répond affirmativement, et Richard, en voyant la lettre décachetée, s'imagine que c'est M. de Vintimil qui la lui envoie, et il se met à lire. A peine arrive-t-il à la dernière ligne qu'il pousse un cri terrible et qu'il tombe presque évanoui. M. de Vintimil accourt ainsi que M. Lambert. Ils interrogent le domestique qui, tout étourdi, raconte ce que lui a dit Ludovic, ce qu'il a fait et ce qui est arrivé.

Dans son désespoir, M. de Vintimil s'écrie :

— Ah! le malheureux l'a assassiné! misérable Ludovic!... Ah! je n'avais pas mérité le malheur d'avoir un pareil enfant.

Le pauvre domestique épouvanté veut prendre sur lui une partie de la faute; mais M. de Vintimil, tout en déplorant sa maladresse, reconnaît que c'est à la méchanceté de Ludovic qu'est dû cet accident. Il s'emporte contre son fils, et il veut chasser le petit misérable de sa maison et ne plus le revoir. Enfin M. Lambert le console un peu, et, à force de soins, on fait revenir à lui le petit Richard. Mais le pauvre sourd-muet, jusque là si confiant, si intelligent sur tout ce qu'on lui demandait, demeure immobile, les yeux baissés sur son lit. Le médecin lui montre la lettre, en lui faisant signe qu'elle ne signifie rien, et il la déchire et la jette à terre pour lui faire entendre qu'il n'y faut pas faire attention. Mais Richard sourit tristement à toutes ces démonstrations, et de grosses larmes tombent de ses yeux. C'est en vain qu'on s'empresse autour de lui, il demeure immobile à toutes ces marques d'intérêt. Cependant M. de Vintimil fait appeler le père Honoré. Ce digne et savant professeur n'était étranger à aucune connaissance, et il savait suffisamment la langue des muets pour se faire comprendre. D'après l'ordre de M. de Vintimil, il explique au pauvre Richard que le médecin de l'institution s'est trompé, et que sa guérison est certaine s'il veut suivre les conseils de M. Lambert. Mais le malade, frappé de ce qu'il a lu, croyant qu'on veut le tromper, répond seulement au père Honoré :

— J'aime mieux mourir tout de suite.

Et le père Honoré traduisait ces paroles à M. de Vintimil qui pleurait dans un coin. Cependant la journée se passe sans que le malade veuille rien prendre. M. de Vintimil fait venir Ludovic, et alors il lui fait voir toute l'horreur de sa faute ; il l'accable des reproches les plus cruels. Ludovic tombe à genoux devant son père; mais celui-ci demeure inflexible et ne lui pardonne pas.

— Vous l'avez tué, monsieur, lui répète-t-il sans cesse d'une voix terrible. Vous avez été plus lâche et plus cruel qu'un assassin; car l'assassin expose sa vie en commettant son forfait, et il ne fait pas souffrir sa victime. Mais vous, c'est d'un mot que vous avez fait ce crime, et le supplice du pauvre Richard durera bien longtemps : le malheureux éprouvera le tourment de la mort à toutes les heures, à toutes les minutes, car, grâce à vous, il sait qu'il doit mourir. Sortez, vous n'êtes plus mon fils.

Ludovic se retira le cœur brisé. Il s'en alla dans la maison, mais tout le monde se reculait de lui à son aspect, et à chaque fois qu'il rencontrait quelqu'un, il entendait murmurer ce mot terrible :

— C'est lui qui l'a tué !

Mais ce supplice n'était rien ; car M. de Vintimil le fit appeler le lendemain matin, et, le plaçant en face du lit du pauvre Richard, il lui dit en lui montrant son visage pâle et souffrant :

— Voilà votre ouvrage, Monsieur.

Ludovic eut beau pleurer et demander pardon, son père n'écouta rien. Tous les jours il le prenait et l'entraînait dans cette triste chambre, et, lui montrant Richard qui dépérissait, il lui répétait ce mot cruel :

— Voilà ce que vous avez fait. Regardez, voilà votre ouvrage !

A son tour, Ludovic devint bien malheureux, car il ne pouvait plus se cacher que Richard allait mourir bientôt. M. Lambert avait quelquefois obtenu du malade de prendre les remèdes qu'il lui indiquait ; mais Richard le faisait avec répugnance et d'une manière si peu réglée qu'ils ne faisaient que peu d'effet. D'ailleurs il manquait de confiance et de courage, et c'est un grand remède que la confiance et la bonne volonté de se guérir. Chaque jour la maladie empirait, et M. de Vintimil avait annoncé à son fils qu'il le rendrait témoin de la mort de son camarade.

— Oui, lui avait-il dit, je vous attacherai au pied de son lit de mort pour que vous entendiez ses derniers soupirs, pour que vous voyiez sa vie s'en aller, et je vous ferai toucher son cadavre afin que ce spectacle vous déchire le cœur et se grave dans votre souvenir jusqu'à la fin de vos jours.

Ludovic était désespéré. Plusieurs fois il avait voulu se rapprocher du lit de Richard, mais on l'en avait chassé avec horreur. Cependant on remarqua bientôt qu'il s'enfermait des heures entières tout seul ou avec le père Honoré.

Un matin, on vint annoncer à M. de Vintimil que Richard avait passé une très-mauvaise nuit, et qu'il se refusait à prendre le remède qu'avait ordonné M. Lambert. M. de Vintimil court chez Richard, il trouve le père Honoré qui suppliait vainement le malade dont le signe répondait sans cesse :

— Puisqu'il faut que je meure, j'aime mieux mourir tout de suite.

— Ah! grand Dieu! s'écria M. de Vintimil, c'est une suffocation. Le pauvre malheureux est mort dans une heure s'il refuse!

A ces mots, il entend des sanglots déchirants à côté de lui, et voit Ludovic à genoux au pied du lit.

— Voilà votre ouvrage! lui dit son père, vous l'avez tué!!!

— Ah Dieu! reprend Ludovic avec un accent singulier, je le sauverai ou je mourrai avec lui.

Et tout aussitôt il s'élance auprès du lit de Richard qui lui sourit doucement. Mais quelle est la surprise de M. de Vintimil en voyant le malade devenir très-attentif à un signe de Ludovic! M. de Vintimil veut l'arrêter, mais le père Honoré lui dit tout bas de le laisser faire; et il lui explique alors ce que Ludovic disait à Richard dans le langage expressif des muets.

— Grâce, Richard! C'est moi qui te tue; c'est moi qui t'ai envoyé la lettre qui disait que tu devais mourir, tandis que je savais que c'était un mensonge.

Depuis ce temps, mon père m'a maudit, et tu vois que je suis bien malade ; aussi, si tu meurs, je mourrai. Mais si tu veux consentir à te guérir, je t'aimerai comme mon frère, non pas à cause que tu me sauveras avec toi, mais parce qu'alors, peut-être, mon père me pardonnera.

Puis Ludovic, tombant à genoux, ajouta avec un geste animé :

— Grâce ! grâce ! guéris-toi.

Richard, qui avait compris tout ce que Ludovic lui avait dit, prit, pour toute réponse, la tasse qui était près de lui et qui renfermait la potion qui devait le calmer et qu'il avait refusée, et la but d'un seul trait.

Alors le père Honoré expliqua à M. de Vintimil comment Ludovic avait passé les nuits et les jours à apprendre le langage des muets pour demander ainsi pardon à Richard. Depuis ce moment, les soins du médecin, secondés par la bonne volonté du malade, eurent leur plein effet. Ludovic s'établit au chevet de Richard, il lui servait d'interprète et de garde-malade ; et au bout d'un mois le pauvre sourd-muet était hors de tout danger.

M. de Vintimil, bien qu'il fût content en lui-même de la nouvelle conduite de son fils, ne lui avait pas encore adressé la parole. Enfin, le matin où M. Lambert annonça que Richard était sauvé, M. de Vintimil, incapable de parler tant son émotion était grande, tendit les bras à son fils qui s'y précipita avec transport.

Je ne saurais vous dire quel fut le plus heureux de Ludovic ou de son père, quoique je sache que c'est un affreux supplice pour un père que d'être privé des caresses de son enfant ; mais, ce que je peux vous assurer, c'est que Ludovic ne fut plus ni curieux ni bavard.

L'AUBERGE
DE SAINTE-GABELLE

Si vous aviez connu mon oncle Bayle, mes enfants, vous auriez été bien heureux ; car à lui tout seul il savait plus d'histoires intéressantes que vous n'en avez jamais lu dans tous vos livres. Mon oncle ne restait pas dans notre petite ville de Mirepoix; il ne logeait pas dans notre grande maison à contrevents rouges, qui était la maison de son père : il était avocat et demeurait à Foix. Mais, presque tous les samedis, nous le voyions arriver sur sa jument, et nos cris joyeux le saluaient de loin. Nous étions bien nombreux autour de lui ; car mon oncle Bayle était l'aîné d'une famille de treize enfants, et nous autres petits enfants de cette grande famille, les uns avec leur père et leur mère, les autres orphelins, moi et ma sœur avec notre mère infirme, mais courageuse et spirituelle, nous attendions l'arrivée de mon oncle Bayle comme on attend un jour de fête. Il me semble le voir descendre pesamment de son cheval : il y avait dix mains pour recevoir sa badine, dix mains pour prendre la bride, et quand il défaisait son manteau nous nous mettions six à le porter ; si faibles, que nous en étions écrasés ; si petits, qu'il en traînait toujours un peu dans la poussière : et puis, il montait notre escalier de chêne, le plus bel escalier du pays, ma foi ! et nous, criant et riant autour de lui, nous montions à grand bruit, le suivant et le précédant, ouvrant les portes avec fracas et l'annonçant de loin par nos rires et nos joies. Je me souviendrai toujours de l'accueil respectueux que lui faisaient tous nos parents, qui se levaient à son arrivée de son entrée dans le salon, de ce salut amical et supérieur, dont il répondait à chacun en allant vers ma mère, à qui il disait affectueusement :

— Bonjour, ma sœur ! Toujours malade ?

Ma mère lui serrait la main et lui répondait par un sourire. Puis, à partir de ce moment, après quelques mots graves échangés avec ses frères, nous, petits enfants, qui ne savions encore que l'aimer, nous réclamions notre oncle Bayle. Il nous appartenait jusqu'au souper; car, après le souper, c'était l'heure des entretiens d'affaires, et l'on nous envoyait coucher. Nous qui savions cela, nous nous emparions de lui, et nous usions de la bonté de notre oncle; nous en avons quelquefois abusé. Il nous suivait alors et nous descendions tous à la cuisine, non pas une cuisine comme celle que vous avez chez votre maman, mais une immense cuisine, avec une cheminée haute de plus de six pieds, large comme une large alcôve et ayant à ses côtés un banc de chêne bruni sous lequel dormait le petit chien qui servait de tourne-broche. La servante, ma vieille Jeannette, venait saluer d'abord notre oncle Bayle, qui s'informait soigneusement du souper; puis, après avoir fait ajouter ou changer quelque chose au menu, il s'asseyait sur un large fauteuil de bois sculpté, que nous traînions jusqu'auprès du feu, et aussitôt les cris : Une histoire! une histoire! se faisaient entendre.

Ce soir-là, le cri fut moins bruyant, car nous avions fait un petit complot et aucun de nous n'osait parler le premier. Enfin, ma jolie cousine Dorothée, la plus babillarde petite fille de la maison et maintenant grave supérieure d'un couvent de Sœurs de la charité, se hasarda à crier la première : Une histoire de revenant! et nous de reprendre tous ensemble : Une histoire de revenant!

Mon oncle fronça le sourcil et regarda de côté Jeannette, qui toute confuse voulut faire semblant de poivrer sa gibelotte et qui véritablement la poivra si bien que nous ne pûmes pas la manger. C'était elle en effet qui nous disait sans cesse les contes *de la Jambe Creuse* et de *l'OEil Ouvert* et qui nous avait poussés à cette demande.

— Il n'y a que des imbéciles ou des fripons qui croient ou font semblant de croire aux revenants, dit mon oncle d'un ton sévère.

Nous gardâmes tous le silence, tant il y avait eu d'autorité dans ses paroles; mais un moment de réflexion sembla le calmer; nous le vîmes sourire comme en lui-même, et il ajouta d'un ton plein de douceur :

— Vous voulez une histoire de revenants, mes enfants, eh bien, soit! je vais vous en raconter une qui m'est arrivée à moi-même, c'est le moyen de n'en pas douter.

Nous nous rapprochâmes de lui plus près encore qu'à l'ordinaire, la lampe pendue par une chaîne fut accrochée au chambranle de la cheminée, et notre oncle raconta ainsi son histoire :

— Un soir d'automne, il y a bien quarante ans de

cela, car j'avais à peine vingt ans, je revenais de Toulouse. J'avais fait une bonne journée, car j'avais déjà traversé Auterive, où quelques amis m'avaient engagé à passer la nuit ; mais je voulais absolument arriver à Saverdun qui, vous le savez, est à trois lieues plus loin, et j'avais repris ma route. J'étais arrivé à peu près en face du monastère de Bolbonne, après les beaux bois de Secourien, où le père Vanière, dont on vous fera traduire un jour les ouvrages latins, a composé son *Prædium rusticum*, lorsqu'un orage épouvantable, un orage soudain, comme ceux qui descendent de nos montagnes, éclata tout à coup : en moins de rien, la nuit fut noire et la route impraticable. Je serais bien allé demander asile au monastère, mais au moment où je pris ce parti, mon cheval, épouvanté par les éclairs et le bruit du tonnerre, se lança dans un petit sentier à gauche et m'emporta malgré tous mes efforts. Quelle que fût sa rapidité, je reconnus bientôt qu'il avait pris le chemin de Sainte-Gabelle, et qu'il m'y menait tout droit. Un jour de cet été nous irons visiter Sainte-Gabelle, dont l'église est construite sur le sommet d'un monticule qui domine toute la ville et dont le pied est plus élevé que le toit des plus hautes maisons. Je vous mènerai voir le chœur tout revêtu de chêne avec de belles sculptures, et nous prierons M. Lanigue de nous jouer des orgues, qui sont peut-être les plus belles de France. Cependant mon cheval galopait toujours, il s'arrêta de lui-même, comme il était parti de lui-même, et je reconnus que j'étais à la porte d'une auberge. J'entrai : la compagnie était nombreuse et mêlée de marchands espagnols et de jeunes chasseurs des environs, surpris comme moi par l'orage. Après nous être séchés au feu d'une douzaine de sarments qu'on jeta dans la cheminée, on nous annonça que le souper était servi, et nous nous mîmes tous à table. D'abord la conversation roula sur le temps affreux qu'il faisait : l'un avait été jeté à bas de son cheval, l'autre était resté une heure à se tirer lui et sa carriole d'un bourbier, enfin quelqu'un s'écria : C'est un temps du diable! c'est un vrai sabbat. Ce mot, qui n'avait rien que de bien simple, donna lieu à une observation singulière, faite d'un ton encore plus singulier :

Les sorciers et les revenants préfèrent pour leur sabbat un beau clair de lune à une nuit aussi tourmentée que celle-ci.

Nous regardâmes tous celui qui venait de parler ainsi, et nous vîmes que c'était un des marchands espagnols. Vous les avez vus souvent, mes enfants, avec leurs guêtres et leurs petites culottes ouvertes au genou et montrant à nu leurs jambes velues ; vous savez quel air de misère et de fierté ils ont tout ensemble, avec leurs espadrilles attachées à leurs pieds par d'étroites bandes de cuir, leur manteau rouge qu'ils portent si bien, leur figure brune couronnée de cheveux noirs et leurs larges boucles d'oreilles en or. Celui qui avait parlé avait, plus qu'aucun de ceux que vous avez vus, cet air sauvage qu'ils ont tous. Aucun des convives n'avait pensé à répondre à cette observation faite d'une voix grave et sévère, lorsque mon voisin, un jeune homme à l'air franc et ouvert, se prit à rire aux éclats, en s'écriant :

— Il paraît que ce monsieur connaît les habitudes des revenants, et qu'ils lui ont dit qu'ils n'aimaient ni à se crotter ni à se mouiller.

Il n'avait pas achevé sa phrase, que l'Espagnol lui lança un regard terrible en lui disant :

— Jeune homme, ne parlez pas si légèrement de choses que vous ne connaissez pas.

— Auriez-vous la prétention de me faire croire qu'il y a des revenants? repartit mon voisin avec dédain.

— Peut-être, répliqua l'Espagnol, si vous aviez le courage de les regarder.

Le jeune homme se leva soudainement, rouge de colère. Mais il se calma aussi vite et se rassit tranquillement en disant :

— Vous m'auriez payé cher ce propos, si ce n'était celui d'un fou.

— Celui d'un fou! s'écria l'Espagnol en se levant à son tour. Eh bien donc! ajouta-t-il en frappant du poing sur la table et en y jetant une grosse bourse de cuir, voici trente quadruples que j'offre de perdre, si d'ici à une heure je ne vous fais voir, à vous qui me semblez si déterminé, la figure de l'un de vos amis que vous me nommerez, fût-il mort depuis dix ans, et si, après l'avoir reconnu, vous osez permettre à sa bouche d'appuyer un baiser sur la vôtre.

L'Espagnol avait un air si terrible en disant ces paroles, que nous tressaillîmes tous. Mon voisin seul garda sa figure riante et moqueuse et répondit :

— Vous ferez cela, vous!

— Oui, reprit l'Espagnol, et je perdrai ces trente quadruples si je ne le fais pas, à condition que vous perdrez pareille somme si je tiens ma promesse et si vous succombez.

Le jeune homme garda un moment le silence, puis il dit gaîment :

— Trente quadruples, mon digne sorcier, c'est plus que n'a jamais possédé un étudiant de Toulouse ; mais si vous voulez tenir le mot pour les cinq quadruples que voici, je suis votre homme.

L'Espagnol reprit silencieusement sa bourse, et dit, d'un ton méprisant :

— Ah ! vous reculez, mon petit monsieur ?

— Moi reculer ! s'écria le jeune homme ! Ah ! si j'avais les trente quadruples, vous verriez si je recule.

— En voici quatre, m'écriai-je, que je mets dans votre pari.

Je n'eus pas plutôt fait cette proposition que cinq ou six personnes, entraînées comme moi par la singularité de ce défi, offrirent d'y prendre part, et en moins de rien la somme de l'Espagnol fut complétée. Cet homme semblait si sûr de son fait, qu'il confia le montant du pari au jeune étudiant, et l'on s'apprêta pour l'expérience.

A cet effet, nous choisîmes un petit pavillon parfaitement isolé dans le jardin, de façon à ce qu'il ne pût y avoir aucune supercherie. Nous le visitâmes exactement ; nous nous assurâmes qu'il n'y avait d'autres issues qu'une fenêtre exactement close, et une porte qui fut fermée de même, et à laquelle nous restâmes tous après que nous eûmes laissé le jeune homme seul dans le pavillon. Nous avions mis sur une table ce qu'il fallait pour écrire, et nous avions emporté toutes les lumières. Nous étions vivement intéressés à l'issue de cette scène, et nous gardions tous un profond silence, lorsque l'Espagnol qui était resté parmi nous se mit à chanter, d'une voix douce et triste, une chanson qui peut se traduire ainsi :

En craquant sourdement le cercueil s'est brisé
Dans la tombe entr'ouverte,
Et du fantôme blanc le pied noir s'est posé
Sur l'herbe froide et verte.

Après ce premier couplet il éleva solennellement la voix et dit :

— Vous m'avez demandé à voir votre ami François Vialat, qui s'est noyé il y a trois ans, en passant le bac de Pensagnoles ! Que voyez-vous ?

— Je vois, répondit le jeune étudiant, une lueur blanchâtre qui s'est levée du côté de la fenêtre, mais elle n'a aucune forme, et n'est qu'un nuage incertain.

Nous restâmes stupéfaits.

— Avez-vous peur ? dit d'une voix forte l'Espagnol.

— Je n'ai point peur, répondit l'étudiant d'une voix non moins assurée.

Nous respirions à peine : l'Espagnol se tut un moment, puis il frappa la terre du pied à trois reprises différentes ; il chanta de nouveau, mais d'une voix plus haute et plus sombre à la fois :

Et le fantôme blanc, dont l'onde des torrents
    A flétri la figure,
Sèche avec son linceul l'eau de ses vêtements
    Et de sa chevelure.

Le chant fini, l'Espagnol se retourna de nouveau vers la porte, et donnant à sa voix un accent de plus en plus solennel, il s'écria :

— Vous qui avez voulu sonder les mystères de la tombe, que voyez-vous?

Nous écoutâmes avec anxiété : l'étudiant répondit d'une voix calme, mais comme un homme qui détaille une chose à mesure qu'elle s'accomplit.

Je vois cette vapeur qui s'allonge et qui prend la forme d'un fantôme ; ce fantôme a la tête couverte d'un long voile, il demeure à la même place où il s'est levé.

— Avez-vous peur ? dit l'Espagnol d'une voix insultante.

La voix fière et brave du jeune homme répondit :

— Je n'ai pas peur.

Nous n'osions nous regarder, tant notre surprise était grande, tant nous étions occupés à suivre les mouvements bizarres de l'Espagnol, qui se mit à élever ses bras au-dessus de sa tête, en invoquant trois fois un nom horrible à prononcer, après quoi il chanta le troisième couplet de son infernale chanson, mais d'une voix éclatante et singulière :

> Et le fantôme a dit, en sortant du tombeau :
> Pour qu'il me reconnaisse,
> J'irai vers mon ami, fier, souriant et beau,
> Comme dans ma jeunesse.

L'Espagnol finit son couplet et répéta aussitôt sa terrible question : Que voyez-vous ?

— Je vois, répondit l'étudiant, le fantôme s'avancer...; il lève son voile...; c'est François Vialat...; il s'approche de la table...; il écrit...; il a écrit; c'est sa signature.

— Avez-vous peur ? cria l'Espagnol avec rage.

Il y eut un moment de silence indicible, et l'étudiant répondit d'une voix plus forte qu'assurée :

— Non, je n'ai pas peur.

Aussitôt l'Espagnol, comme pris d'un mouvement frénétique, se mit à chanter, avec des hurlements étranges, ce dernier et horrible couplet :

Et le fantôme dit au jeune homme moqueur :
Viens donc, que je te touche !
Mets ta main dans ma main, mets ton cœur sur mon cœur,
Ta bouche sur ma bouche.

— Que voyez-vous ? s'écria l'Espagnol d'une voix tonnante.

— Il vient..., il s'approche..., il me poursuit..., il étend ses bras..., il va m'atteindre...! Au secours! à moi ! à moi !

— Avez-vous peur ? cria l'Espagnol avec une joie féroce.

Un cri perçant, puis une plainte étouffée, furent la seule réponse à cette terrible question.

— Secourez cet imprudent, nous dit l'Espagnol d'une voix amère. J'ai, je pense, gagné le pari. Mais il me suffit de lui avoir donné une leçon : qu'il garde cet argent et soit plus sage à l'avenir.

Il s'éloigna rapidement après ces paroles. Nous étions anéantis. Nous ouvrîmes la porte et nous trouvâmes l'étudiant dans d'horribles convulsions. Le papier signé du nom de François Vialat était sur la table. A peine l'étudiant fut-il revenu à lui, qu'il demanda où était l'infâme sorcier qui l'avait soumis à cette horrible profanation ; il voulait le tuer..., il le chercha par toute l'auberge, s'élança comme un fou à sa poursuite, et nous ne le revîmes plus. Voilà mon histoire, mes enfants.

Nous étions tous tremblant d'effroi, serrés autour de notre oncle Bayle, n'osant regarder autour de nous. Jeannette elle-même avait oublié son *millas* qui avait pris au fond de sa poêle, et qui sentit fortement le brûlé ; personne ne se sentait le courage de parler, lorsque je me hasardai de dire à mon oncle :

— Et comment après cela ne croyez-vous pas aux revenants ?

— Parce que, me dit mon oncle, ni le jeune homme ni le sorcier ne sont jamais revenus, eux, ni les beaux quadruples que moi et les autres voyageurs avions fournis pour faire la somme proposée en pari par le prétendu Espagnol ; et que ces deux fripons les ont emportés après nous avoir joué sous les yeux une comédie que nous avons crue comme des niais et que j'ai trouvée bien chère alors, mais qui ne le sera pas trop si elle me sert à vous bien persuader, mes enfants, qu'il n'y a que les imbéciles ou les fripons qui croient ou font semblant de croire aux revenants.

LE TOUR DE FRANCE

Le 1ᵉʳ mai 1831, à sept heures du soir, une pauvre famille de pauvres gens était rassemblée dans une salle basse qui était l'arrière-boutique d'un serrurier et lui servait aussi de salon, de salle à manger et de chambre à coucher. Quatre personnes étaient assises autour d'une table, sur laquelle était posé un calel, la lampe du pauvre dans le Languedoc, une sorte de coquille à trois becs avec une grande tringle de fer qui se dresse debout à l'un des côtés et qui, grâce à la courbure qui la termine, sert à la suspendre soit à une ficelle attachée au plafond par un clou, soit à la barre de fer qui règne d'ordinaire le long du manteau de la cheminée. Ces quatre personnes étaient silencieuses, et l'une d'elles, la plus âgée, interrompait de temps à autre la reprise qu'elle faisait à un pantalon de gros drap, pour essuyer, avec le coin de son mouchoir à carreaux qu'elle tirait à moitié de sa poche, une larme qu'elle n'arrêtait pas toujours assez tôt pour l'empêcher de tomber sur ses mains. Deux jeunes filles, dont l'une pouvait bien avoir dix-sept ans, l'autre douze, travaillaient à côté de leur mère. La plus jeune tricotait et achevait une paire de bas d'une sorte de laine jaune qu'on appelle étame dans l'Albigeois, car c'est à Albi que notre scène se passe. Une paire de bas d'étame pour un ouvrier, c'est un grand luxe, car l'étame est une espèce de poil doux, luisant, chaud et moelleux comme le cachemire. L'aînée ourlait des mouchoirs de poche en cotonnade bleue, et de temps à autre quittait son ouvrage pour surveiller un pot où bouillait un morceau de mouton, deux cuisses d'oie conservées dans de la graisse, un peu de lard et des choux. A deux pas de la table, sur une huche à serrer le pain, sorte de grand coffre qui s'ouvre par un couvercle comme une malle ; sur cette huche était une longue corbeille, comme celle dont les pâtissiers se servent pour transporter leurs gâteaux. Cette corbeille était intérieurement recouverte d'une serviette de toile blanche, et sur la toile était répandue une épaisse bouillie qui était devenue ferme en refroidissant ; à côté était une assiette avec une petite provision de saindoux et une soucoupe avec une demi-livre de cassonade brune. Tout à fait au coin de la huche, la pâle lueur du calel faisait reluire le goulot de deux bouteilles de vin. Il y avait une fête assurément dans la maison. L'ordinaire d'un pauvre serrurier d'Albi ne se composait pas habituellement d'un si magnifique repas ; les cuisses d'oie, le lard, le mouton étaient du superflu. Le millas (1), c'est le

(1) Qu'on nous permette, à propos de cette nourriture du peuple du Languedoc, de raconter une anecdote dont nous

nom de la bouillie faite d'eau et de farine de maïs, était bien un mets de tous les jours ; mais on ne le faisait pas souvent frire dans le saindoux, et ce n'était qu'à son mariage et au baptême de ses enfants que le père Kairuel avait osé le sauproudrer d'un peu

pouvons garantir l'authenticité. Lorsque M. le comte de Provence, trente ans après Louis XVIII, parcourait le Languedoc, il demanda à goûter ce millas dont il avait tant entendu parler comme étant l'aliment du peuple. La personne chez laquelle il logeait en fit préparer sur-le-champ ; mais, au lieu de délayer la grosse farine avec un peu d'eau et de sel, comme les paysans, on la fit bluter pour en extraire la fleur, c'est-à-dire la partie la plus fine ; on la mêla avec du lait, on la fit cuire ainsi. Puis, lorsqu'elle fut refroidie et ferme, on la coupa par petites tranches, on la fit frire, on la présenta au prince, toute saupoudrée de sucre. Le comte de Provence, ravi de ce mets qui, ainsi préparé, est excellent, ne put s'empêcher de dire : « Mais les gens de ce pays-ci sont fort heureux. » Cette petite histoire n'est-elle pas une leçon vivante de la manière dont les grands apprennent la vérité sur le sort du peuple ? la vérité leur arrive toujours comme le millas du pauvre, déguisée, parée, toute faite de lait et de sucre. Le comte de Provence eut-il tort de dire que cet aliment était excellent et le pauvre bien heureux de l'avoir ? Celui qui eut tort ce fut la personne qui le lui servit ainsi. Vous voyez, enfants, jusqu'où va, près des grands, la flatterie et le mensonge ; ils envahissent jusqu'à la cuisine.

de cassonade. Ce soir-là aussi le pain blanc avait remplacé tougno, le pain insipide, lourd et sans levain, auprès duquel le pain de munition est délicat. Sans doute il y avait fête, mais alors pourquoi la tristesse silencieuse et profonde de la mère Marguerite, la femme de Kairuel, et l'attention inquiète et sérieuse de ses deux filles Mariette et Rosine ? Que faisait là aussi ce jeune garçon de treize à quatorze ans, le coude appuyé sur la table, les yeux en l'air, étincelants, inquiets et paraissant pour ainsi dire regarder au delà des murs de la salle basse, au delà du moment où ils se trouvaient, comme quelqu'un qui voit en imagination l'endroit où il sera le lendemain et ce qu'il y fera. Vous allez l'apprendre, car voici le père Kairuel qui entre ; tous les regards se portent sur lui, il entre, il pose son chapeau sur une chaise, et dit d'un ton d'humeur et de tristesse :

— Allons, vous autres, ça ne sera pas encore pour demain.

— Quoi ! s'écria Antoine, en se levant et d'un

ton chagrin, quoi! mon père, je ne partirai pas demain?

— Non, mon garçon, dit le père Kairuel, il faut encore attendre.

— Béni soit Dieu ! dit Marguerite en embrassant son fils, c'est un bonheur que je n'espérais plus. Pécaïré (1); il n'a pas encore quatorze ans ce pauvre Antoine, et lui faire déjà commencer son tour de France, ça me faisait frémir.

La bonne Marguerite était toute joie, mais Kairuel était demeuré soucieux. Marguerite avait toute l'imprévoyance d'un cœur de mère : elle avait dû se séparer de son fils et elle le gardait ; c'était assez pour

(1) Pécaïré, mot gascon délicieux qui ne peut se traduire à ce moment que par celui-ci : Pauvre enfant! et qui s'applique à toutes choses, à la vieillesse, à l'infirmité, toujours avec un sentiment de douce pitié, et en se modifiant selon l'objet ou la personne à laquelle on l'applique. Pécaïré se dit d'un petit oiseau qui souffre, d'un vieillard qui pleure, d'un enfant qui meurt, d'un père qui voit mourir son enfant, d'un agneau qu'on mène au boucher. La langue française devrait prendre ce mot.

être heureuse, elle ne pensait pas à autre chose. Le père Kairuel au contraire regrettait de voir retarder l'exécution d'une chose qui lui avait couté, à lui, tant de peine, à sa femme tant de larmes ; un mois ou une semaine plus tard, il fallait qu'Antoine partît, et ce serait encore de nouveaux combats et de nouveaux chagrins ; c'était une douleur à recommencer : il le sentait, mais il n'osait rien dire, pour ne pas troubler la joie confiante de sa femme. Ce fut Antoine qui, le premier, rompit le silence ; sa jeunesse lui donnait envie de courir le monde à ses risques et périls, mais son amour et son respect pour sa mère l'empêchaient de témoigner la vive contrariété qu'il éprouvait en voyant retarder son départ.

— Pourquoi donc, mon père, ne puis-je pas partir ? dit-il simplement.

— Parce que M. Dutan m'a manqué de parole ; il devait me remettre ce soir soixante francs d'un travail que j'ai fait pour lui : ces soixante francs, avec un louis d'or que ta mère garde depuis deux ans, sont la seule avance que je possède, et c'est tout ce que je devais te donner pour ton tour de France; tu vois bien qu'il n'y a pas moyen de partir.

— Mon père, dit Antoine, un louis, c'est plus qu'il ne m'en faut pour aller à Toulouse, là je trouverai de l'ouvrage et je ferai des économies pour continuer ma route.

— Tu es donc bien pressé, dit Marguerite avec un si doux accent de reproche, qu'Antoine se repentit presque de ce qu'il venait de dire.

— Non, ma mère, répondit-il, mais puisque c'était décidé.

— Il a raison, dit le serrurier, puisque c'était décidé, il valait mieux que ça ce fît tout de suite : mais le bon Dieu ne l'a pas voulu, il n'y a rien à dire.

— Et qu'allons-nous faire du souper? dit Marguerite, dont les idées d'économie ne comprenaient pas que, puisque le voyage manquait, le souper dût avoir lieu.

— Il faut le tenir prêt, dit le père Kairuel; ne sais-tu pas que M. le curé de Sainte-Cécile nous fait la faveur de venir souper ce soir avec nous pour bénir notre garçon ? car il aime Antoine de cœur : c'est lui qui lui a appris à lire, à écrire et à compter; il ne faut pas moins fêter ce digne homme. Allons, laissez là votre ouvrage, ce n'est plus si pressé.

On obéit, on se mit en devoir de préparer la table; on la couvrit d'une nappe de toile grise ; on essuya les deux bancs qui étaient de chaque côté, et Rosine alla chercher dans un coin quelques sarments pour faire un feu clair et brillant pour la friture. Les assiettes de faïence, les cuillers et les fourchettes d'étain, tout fut bientôt disposé ; on posa un verre et un couteau devant le plat du curé. Chacun des autres membres de la famille, avec son gobelet d'étain, portait son couteau dans sa poche. Bientôt un coup frappé à la porte annonça l'arrivée du curé. Mariette prit le calel, alla ouvrir à M. Dabin, et revint avec lui dans la chambre ; il regarda autour de lui les apprêts extraordinaires qu'on avait faits pour ce grand jour.

— Ce n'est pas pour moi, je pense, Marguerite, que vous avez fait tout cela.

— Il faut vous l'avouer, monsieur le Curé, il y a eu un peu pour ce pauvre Antoine ; ce devait être aujourd'hui le dernier souper qu'il faisait à la maison. Il y a assez de privations qui l'attendent ; il mangera plus d'une fois du pain tout sec et boira assez souvent de l'eau, pour qu'il soit juste de le régaler un peu ; mais, grâce au Ciel, ce n'est pas encore pour demain, et ça servira à fêter son séjour et l'honneur de votre visite, monsieur le Curé.

— Comment ! dit M. Dabin, Antoine ne part pas ? auriez-vous changé de résolution, Kairuel ?

Le serrurier expliqua au curé ce qui s'opposait au départ d'Antoine ; le curé répondit aussitôt :

— Si c'est cela qui vous embarrasse, n'en prenez point de souci, demain matin passez chez moi en vous mettant en route, je vous avancerai ces soixante francs.

— Ah ! merci bien ! s'écria vivement Antoine.

— Je crains de vous être à charge, dit timidement le père Kairuel ; vous êtes si bon, vous dépouiller pour le pauvre ! Ce n'est pas que je ne veuille vous rendre cet argent, parce que M. Dutan est une bonne paie, quoiqu'il m'ait fait attendre.

— Que cela ne vous embarrasse pas, dit le curé, j'attendrai tant qu'il plaira à M. Dutan.

— Oh ! vous me rendez là un vrai service, dit Kairuel ; je vous remercie, monsieur le Curé, je vous remercie. Allons, vous autres, dit-il à ses filles qui entraient dans la salle basse, dépêchez-vous, M. le curé nous prête les soixante francs dont nous avons besoin.

— Eh bien ! femme, tu ne remercies pas M. Dabin ?

— Monsieur le curé..... Monsieur le curé est..... bien bon, dit Marguerite d'une voix étouffée ; puis elle se détourna pour essuyer les grosses larmes qui lui venaient aux yeux; elle sentait bien que le curé et son mari avaient raison, mais elle n'avait pas le courage d'être reconnaissante : la pauvre mère ne voyait que le départ de son fils.

Le père Kairuel se mêla de la cuisine, et M. Dabin, qui avait vu l'émotion de Marguerite, s'approcha d'elle :

— Allons, allons, Marguerite, soyez raisonnable ; vous savez bien que c'est nécessaire ; voyez, votre mari a plus de courage que vous.

— Ah! répondit la mère, en laissant couler ses larmes, mon mari est un homme; un homme ça aime ses enfants, mais il n'y a qu'une mère, voyez-vous, monsieur le Curé, qui sache ce que c'est que de les perdre.

— Mais votre fils n'est pas perdu pour vous, Marguerite ; dans quelques années, vous le reverrez quand il sera un homme qui vous fera honneur ; allons! calmez-vous.

— Oh! monsieur le Curé, vous prierez le bon Dieu pour lui, n'est-ce pas? dit Marguerite en joignant les mains, je le prierai aussi tous les jours.

— Et Dieu le protégera, dit le curé, Dieu le protégera s'il est honnête homme.

— Et il le sera, dit avec force Kairuel, en frappant sur l'épaule d'Antoine : pas vrai, Antoine, que tu ne feras jamais rougir ton père, ni pleurer ta mère? t'es pas riche, mais tu sais lire et écrire, c'est une fortune, c'est M. Dabin qui te l'a donnée, tu ne l'en feras pas repentir?

— Non, mon père, dit Antoine avec émotion.

Puis, voyant sa mère dans un coin, il s'approcha d'elle, et ils s'embrassèrent longtemps sans rien dire.

— Allons, allons, dit Kairuel, d'un ton qu'il voulait rendre joyeux, le souper est prêt. A table, vous autres!

On se mit à table : d'abord Antoine, tout ému de sa mère, ne put pas manger, mais bientôt l'appetit de la jeunesse l'emporta. Les deux sœurs, affriandées par un repas si excellent, dotées aussi par la jeunesse de cette insouciance qui ne voit que du bonheur dans la liberté et le hasard, les deux sœurs firent comme lui. Le bon curé ne refusait rien, pour ne pas troubler le bonheur que ces pauvres gens avaient à le fêter. Kairuel mangeait tant qu'il pouvait pour se donner un air dégagé et fort. Mais la pauvre Marguerite ne touchait à rien du tout, ses larmes lui retombaient sur le cœur, tout le monde était silencieux. Tout magnifique qu'était le repas, il fut bientôt fini, et alors le curé, prenant la parole, dit à Antoine :

— Maintenant, mon garçon, il faut que je te fasse mon petit présent.

— Qu'est-ce donc? dit Antoine.

— Monsieur le Curé! reprit Kairuel en rougissant, Antoine n'a besoin de rien, je ne peux pas accepter, vous êtes trop généreux.

— Oh! dit M. Dabin en souriant, c'est bien peu

de chose; tiens, Antoine, ajouta-t-il en tirant un petit paquet enveloppé de papier et un livre de la poche de sa soutane : voici d'abord une montre.

— Une montre! s'écria toute la famille, une montre d'argent, c'est trop... c'est trop.

— Laissez, laissez, dit M. Dabin, ce n'est pas trop, mais ce sera assez, si elle lui est utile, comme je le veux; avec cette montre Antoine réglera mieux son temps, celui de sa route, celui de son travail, et en voyant cette aiguille qui va toujours devant elle sans jamais retourner en arrière, il comprendra que le temps perdu ne se rattrape jamais.

Le temps, c'est le patrimoine que Dieu a donné au pauvre, et pour l'homme laborieux il est plus riche que vous ne croyez. Je veux vous en donner une preuve. Le chancelier d'Aguesseau dînait à midi précis, et quand midi sonnait il descendait toujours dans la salle à manger. Sa femme, qui n'était pas si exacte, le faisait toujours aussi attendre de cinq à dix minutes. Le chancelier, s'apercevant de ce retard habituel, voulut l'employer à quelque chose ; il fit mettre du papier et des plumes dans la salle à manger, et tous les jours il écrivait quelque chose en attendant sa femme. Eh bien ! au bout de dix ans, avec les dix minutes de tous les jours qu'un autre aurait perdues à ne rien faire, il composa un des plus beaux livres qu'il ait faits et qui eût demandé un an de travail à un autre. Vous le voyez, il gagna un an de travail sur sa vie.

Peut-être les bonnes gens qui écoutaient le curé ne comprirent-ils pas toute la portée de cette anecdote ; mais nos jeunes lecteurs, qui ont déjà idée de ce que c'est qu'un travail de l'esprit, en verront le résultat et y réfléchiront.

Cependant M. Dabin avait remis la montre à Antoine, qui, malgré sa joie, n'avait pas osé la mettre dans son gousset. Le curé prit alors son livre, et ajouta :

— Ceci, Antoine, est une géographie de Gutrie

pour la France; elle t'apprendra ce que tu ne pourrais voir par toi-même, elle te dira la population, l'importance, la situation des villes que tu vas parcourir. C'est à toi à te donner et t'apprendre toi-même tout ce qui manque à ce livre : tu y verras que tous les pays que tu vas parcourir sont une partie de la France, que chaque département y est divisé par arrondissements, par cantons et par communes; mais ce que tu apprendras tout seul, c'est combien les Français du midi diffèrent des Français du nord, ceux de la Bretagne de ceux de l'Alsace, les Normands des Provençaux, tant par le langage, par le costume et les habitudes que par l'esprit et le caractère. Etudie tout cela, Antoine ; tu es ouvrier, mais tu peux devenir négociant, tu peux aller plus haut encore. Nous vivons à une époque et dans une nation où il n'y a plus de portes fermées pour personne: de l'honnêteté et du travail, voilà tout ce qu'il faut pour réussir, et à quelque condition que tu arrives, ce que tu auras appris te sera utile. Si tu deviens maître, tu sauras comment il faudra traiter les compagnons de tous les pays qui travailleront chez toi, car chaque pays a son caractère et ses coutumes. Si tu arrives à être négociant, tu sauras quelles sont les productions de chaque climat, les industries de chaque contrée: tu sauras ce qu'on peut leur demander et ce qui leur manque. Je ne t'en dis pas davantage. Il y a aussi un grand bonheur à savoir l'histoire particulière de chaque ville, celle des hommes célèbres qui y sont nés et les grandes choses qui s'y sont passées ; mais ton goût décidera de cette étude. Va, mon enfant, sois honnête homme, et que Dieu te conduise !

Peut-être, en faisant ainsi parler M. Dabin, avons-nous fait plutôt le prospectus de ce que nous voulons faire nous-même pour nos jeunes lecteurs, que nous n'avons rapporté fidèlement les paroles du curé ; mais on nous pardonnera d'avoir emprunté à un homme vertueux l'autorité de ses paroles pour persuader nos jeunes amis de la nécessité du tableau que nous leur présenterons dans une suite non interrompue de contes instructifs. Si nous n'avons pas choisi pour faire ce tableau le voyage de quelque jeune élégant avec son gouverneur, c'est que nous voulons faire connaître à nos enfants les différences qui distinguent chaque province, et que ces différences ne sont pas dans le monde riche, où leurs mœurs sont à peu près partout les mêmes, mais dans le peuple, qui a conservé des fractions plus saillantes de ses diverses origines et coutumes d'autrefois.

Cependant M. Dabin s'était retiré. Marguerite envoya coucher son fils, qui devait partir le lendemain de grand matin ; puis, avec ses filles, elle reprit son travail, et toutes trois travaillèrent jusqu'au jour pour compléter le trousseau d'Antoine. Le père Kairuel ne se coucha pas non plus : ce n'est pas qu'il eût quelque chose à faire dans ces travaux d'aiguille, mais il lui semblait à ce brave homme qu'il ne devait pas dormir quand sa femme et ses filles travaillaient toute la nuit. On se parla peu durant toutes ces longues heures ; chacun s'entretenait de ses pensées : le père voyait son fils parcourir la France en bon ouvrier gagnant honnêtement de l'argent et de l'instruction ; Marguerite ne songeait qu'au jour où il reviendrait riche ou pauvre, et ses sœurs voyaient déjà le joli cadeau qu'il leur rapporterait de son tour de France.

Le jour parut. Antoine s'éveilla tout seul, son paquet était fait, tout était prêt depuis une heure. On sortit, et l'on se rendit chez le curé ; il n'était pas levé et l'on alla l'éveiller. En l'attendant, toute la famille entra dans l'église de Sainte-Cécile à laquelle tenait la maison de M. Dabin, et tous s'agnouillèrent devant l'image de la sainte patronne d'Albi.

Oh ! l'église de Sainte-Cécile est une magnifique chose ! Ses arceaux gothiques se perdent au ciel, les teintes rouges de briques, qui percent les couleurs dont on l'a revêtue, l'illuminent comme les reflets du soleil. Le chœur a l'air de l'ouvrage des fées, tant il est travaillé ; ce sont des milliers de statues, de fleurs, de rosaces, de colonnes. C'est un ouvrage brodé en pierre et en bois. Que de fois, enfant, tout petit enfant que j'étais, pour échapper à ma bonne, pour grimper dans les combles de l'église, courir sur les corniches, me glisser dans quelque lucarne perdue dans la courbure de ses arceaux ; et quand alors l'orgue magnifique de Sainte-Cécile, la patronne des musiciens, se mettait à chanter ou à mugir, et que les voix de milliers de chrétiens, à genoux sur le pavé, se mêlaient au chant de l'orgue ; que de fois alors, tout enfant que j'étais, je me suis mis à pleurer tout seul, à m'oublier, à rêver que j'étais un ange, à demander à Dieu de me prendre tout de suite ! Je demeurais là immobile, rêveur, jusqu'à ce que ma bonne arrivât et me ramenât aux tristes pensées de la terre en me donnant quelques tapes et en me promettant le fouet ; car c'est une des manies des gens du Midi, si ce n'est dans les plus hautes classes, de corriger par les coups, du moins de mon temps.

Donc toute la famille était en prière quand M. Dabin arriva; chacun le vit sans se déranger, et l'on ne se leva que quand la prière fut faite. Alors M. Dabin s'approcha.

— Eh bien! mon enfant, es-tu content de toi?

— Oui, monsieur le Curé.

— Eh bien! pars : voici les soixante francs que tu attends.

Plus tard Antoine écrivit qu'il y en avait cent dans le rouleau.

— Bénissez mon enfant, s'écria Marguerite, bénissez-le, je vous en prie!

Antoine se mit à genoux, et le saint prêtre, tendant les mains sur lui, prononça une courte prière. Le pauvre serrurier et sa femme, ne pouvant s'empêcher d'imiter le bon prêtre, s'écrièrent en sanglotant :

— Nous te bénissons aussi, Antoine, nous te bénissons.

Les deux sœurs étaient aussi à genoux : tout le monde pleurait.

Il fallut partir.

Marguerite et ses filles accompagnèrent Antoine avec son père. En passant sur la place de Vigan, le jeune compagnon ne put s'empêcher de tourner la tête du côté de la rue où était sa maison.

— Tu y reviendras, lui dit Marguerite en l'embrassant.

— Oui, dit Antoine, oui, ma mère.

On traversa le Lude. Vous, mes jeunes amis, qui savez un peu de latin, vous comprenez déjà ce que veut dire le Lude; le Lude vient de *ludere*, jouer: en cette promenade était l'endroit où les Romains avaient autrefois établi leurs jeux, *ludi;* et dans notre beau pays les souvenirs de Rome vivent à chaque pas. Au bout de la promenade, Marguerite et ses filles quittèrent Antoine comme cela était décidé. La pauvre mère pleurait, embrassait son fils, le quittait et le reprenait pour l'embrasser.

— Tu nous écriras souvent ; écris-nous souvent.

Antoine promettait en pleurant aussi ; enfin le père Kairuel s'interposa, emmena son fils, et le conduisit jusqu'à une lieue de la ville ; et le tour de France commença.

LA MORT D'UN ENFANT

Voici un mot bien grave pour nos lecteurs, et cependant il faut qu'ils l'entendent quelquefois, il faut qu'ils y pensent de bonne heure, et qu'ils sachent, comme le Sage, que tout le soin de la vie n'a d'autre but que de bien mourir. Heureux celui qui, grâce à ses vertus, peut quitter la terre sans y laisser une haine, et monter vers Dieu sans emporter une crainte! Mais notre dessein n'est pas de faire de cette histoire une suite de réflexions sur la mort; notre but est de montrer à nos jeunes amis, combien ils apprécient mal quelquefois les motifs d'une rigueur qui leur paraît tyrannique; combien surtout ils sont loin de comprendre la puissance de l'amour que leurs parents ont pour eux. J'étais encore assez jeune pour me croire plus sage et plus prévoyant que mon père, lorsque je fus témoin d'un événement qui me montra qu'il n'y a pas de faiblesse qui ne puisse avoir de graves conséquences, point de tendresse qui ne domine davantage le cœur de l'homme que celle qu'il porte à ses enfants. Je vais vous le conter.

J'avais et j'ai encore, aux environs de Paris, un ami que j'appellerai M. Dussert. A l'époque dont j'ai à parler, c'était en 1818, M. Dussert était un homme de 36 ans, c'est-à-dire qu'il avait le double de mon âge ; cependant il me comptait pour quelque chose dans son amitié : il ne lui arrivait rien d'extraordinaire, il ne prenait aucune résolution qu'il ne m'en fît part. Il est vrai de reconnaître qu'il était un peu mon parent, mon cousin, s'il faut le dire, et qu'ayant été élevé par mon père, il reportait sur moi un peu de la reconnaissance filiale qu'il lui avait vouée. La tendresse de mon père nous avait faits frères.

M. Dussert était parti à l'âge de dix-huit ans pour l'armée, et il n'avait quitté la carrière militaire qu'en 1812, après la campagne de Russie, pour se marier avec une jeune personne charmante. M. Dussert était le plus honnête homme du monde, d'une justice rigoureuse, mais en même temps d'une sévérité qui effrayait tous les gens qui ne le connaissaient pas entièrement. Habitué à commander à des soldats, dont le premier mérite est de bien obéir, il ne pouvait supporter aucune résistance ni aucun retard à ses ordres, et chassait impitoyablement le valet ou la servante qui ne les exécutait pas sans réplique et à la minute. La première fois que je vis l'intérieur de sa maison, je fus étonné de l'ordre admirable qui y régnait.

M. Dussert était fermier, c'est-à-dire qu'il faisait valoir des terres immenses situées autour d'une petite propriété qui lui appartenait. Les fermiers comme M. Dussert, ou comme il s'en trouve beaucoup aux environs de Paris, ne sont pas des paysans qui labourent la terre du soir au matin, fauchant leurs prés et coupant la moisson ; ce sont des entrepreneurs qui ont cinquante à soixante chevaux de labours, vingt valets de ferme, dix ou douze servantes, tous logés dans la maison. Dès le matin, M. Dussert montait à cheval, et toute la journée il allait d'un champ à l'autre, surveillant les travaux de ses ouvriers. Le soir venu, chacun rentrait dans la ferme, et toute cette troupe de domestiques y soupait dans une immense cuisine. M. Dussert ne prenait point part au souper, mais il y assistait.

Un jour j'étais allé le voir : il était aux champs, et je demeurai avec sa femme dans un salon fort élégant, où nous fîmes un peu de musique. Le soir venu, madame Dussert me dit avec une grâce charmante : « Le rôle de la femme du monde est fini, il faut que celui de la fermière commence. Je vous quitte ; voici des livres, des journaux, tâchez de vous ennuyer le moins possible. » Comme elle me disait cela, j'entendis le bruit des chevaux et des charrettes qui rentraient, les cris aigus des petits bergers, les jurements des charretiers, le gros rire des laboureurs, et je ne pus m'empêcher de dire à madame Dussert :

— Quoi ! vous allez vous mêler à tous ces gens ?

— Ne faut-il pas, me répondit-elle, que je veille à ce qu'ils soient bien servis ?

En considérant madame Dussert, qui avait à peine dix-huit ans, belle et douce femme, avec ses grâces élégantes, sa parure coquette de mousseline blanche, ses pieds délicats, son corps frêle, je ne pus me figurer qu'elle s'occupât de tous ces rustres que j'entendais faire vacarme dans la cour. Je lui témoignai mon étonnement ; elle m'engagea alors à l'accompagner. Nous descendîmes dans la cuisine dont je vous ai parlé, et nous trouvâmes qu'elle commençait à se peupler de soupeurs.

A l'arrivée de madame Dussert, chaque ouvrier la

salua avec une cordialité respectueuse, mais amicale, remit paisiblement son bonnet et continua à causer avec ses camarades, chacun racontant aux autres les travaux de la journée. Presque tout le monde était rentré, et les conversations, qui s'étaient établies de tout côté, étaient arrivées à un bruit étourdissant, lorsque soudain tout le monde se tait, toutes les têtes se découvrent ; mais personne ne prend la parole, personne ne remet son bonnet ; un silence complet, une crainte glacée succède au fracas de tout à l'heure. C'était M. Dussert qui venait de rentrer. Chacun s'assied le plus doucement qu'il peut, et le souper commence.

Après m'avoir dit quelques mots, M. Dussert prit son journal et se mit à lire au coin de la cheminée pendant que sa femme allait tout autour de la table, s'enquérant de voir si chacun était content : moi je regardais et je surpris bien des signes muets de remerciement, bien des sourires de reconnaissance pour les soins charmants de cette aimable femme.

Pendant tout le souper à peine si un mot fut prononcé à voix basse, on eût dit un repas de trappistes. Bientôt tout fut fini, et nous rentrâmes dans le salon de M. Dussert. Comme j'avais vis-à-vis de lui liberté entière d'opinion, je lui dis la mienne sur la différence que j'avais trouvée entre l'accueil qu'on lui avait fait et celui qu'avait reçu sa femme.

— M. Dussert se mit à sourire et me dit : Tu crois donc que ces gens ne m'aiment pas parce qu'ils me craignent ?

— Je crois, lui dis-je, qu'ils aiment mieux ta femme.

— Ils ont raison de l'aimer, me dit-il, parce que c'est un ange de bonté et de douceur, et qu'elle leur pardonne bien des fautes ; mais crois-moi, et retiens ceci pour toute ta vie, ces gens me sont plus attachés qu'ils ne pensent. J'en ai chassé beaucoup de mauvais, pas un bon ne m'a quitté ; parce que la justice impartiale, fût-elle inflexible, est encore une chose plus rare que la bonté : elle est même un frein salutaire pour ceux qui en dépendent, car elle prévient le penchant qu'ils peuvent avoir à mal faire. Crois-moi, l'indulgence est presque toujours un malheur.

Madame Dussert sourit.

— Oui, reprit sérieusement son mari, tu ne sais pas cela, toi, à qui tes vertus l'ont rendue inutile ; mais que de bons serviteurs on perd parce qu'on ne sait pas punir une première faute ! que d'enfants on gâte et on rend insupportables par cette faiblesse dont on veut faire une vertu !

—Quoi! dit madame Dussert, si le Ciel nous accordait le bonheur qu'il nous a refusé jusqu'à présent, vous useriez envers vos enfants d'une rigueur semblable à celle que vous montrez à vos serviteurs ?

— N'en doutez pas, dit Dussert.

Il le croyait quand il fit cette réponse : il le croyait, car il n'avait pas encore éprouvé la puissance de l'amour paternel, de ce sentiment qui domine de si haut tous les autres.

Madame Dussert était devenue toute triste ; nous changeâmes de conversation ; et comme ma visite était une visite d'adieu, nous parlâmes de mon départ pour la province.

Je quittai mon cousin le lendemain, et quelques jours après j'abandonnais Paris pour quelques années. Pendant mon absence, j'appris que M. Dussert était devenu père d'une fille, et je lui écrivis pour l'en féliciter. J'étais tellement demeuré sous l'impression de ma dernière visite que je ne pus m'empêcher de lui donner quelques conseils dans ma lettre sur la douceur qu'il devait montrer à son enfant. La rigidité de Dussert ne m'alarmait pas pour sa femme, si bonne, si douce, que l'idée d'avoir une volonté autre que celle de son mari ne lui était jamais venue à l'esprit ; mais je la redoutais pour un pauvre enfant à qui la raison manquerait peut-être pour la comprendre. J'espérais donc que mes conseils le ramèneraient à plus d'indulgence ; mais je vis avec regret dans notre correspondance qu'il maintenait toujours ses principes de sévérité. Enfin je revins à Paris, et j'allai voir mon cousin dès le jour de mon arrivée. Ce ne fut que le soir que je pus me rendre chez lui, et j'entrai dans la ferme à l'heure accoutumée du souper. C'était aussi l'ordre accoutumé ; tout le monde était assis autour de la longue table qui occupait le milieu de la cuisine ; M. Dussert, au coin du feu lisant son journal, sa femme s'occupant de même des ouvriers. Cependant si c'était le même aspect aux yeux, on comprenait d'instinct qu'il y avait quelque chose de changé. En effet, le silence n'était plus si complet : il semblait qu'on ne respectât pas la lecture de M. Dussert avec la même crainte, et lui-même ne paraissait point choqué comme autrefois de quelques rires qui s'échappaient çà et là. Etait-ce quelque événement extraordinaire qui l'occupait ainsi, quelque affaire sérieuse qui l'empêchait de prendre garde à ce qui se faisait autour de lui? Non, c'était tout simplement une jolie petite fille de trois ans qui courait autour de la table en parlant aux uns et aux autres, en cachant le bonnet de celui-ci, en grimpant sur les genoux de celui-là. M. Dussert, lorsque le bruit devenait trop fort, détournait bien la tête et appelait sa fille, mais avec un regard sans colère et une voix point grondeuse. Lorsqu'il m'eut embrassé, je m'approchai de madame Dussert : après quelques mots échangés sur mon séjour en province et sur mon retour à Paris, je lui dis tout bas et en souriant :

— Eh bien ! que l'inflexibilité de Dussert s'est adoucie devant la grâce charmante de votre jolie Louise !

— Silence, monsieur, me dit-elle tout bas; ne lui faites pas cette observation, car il subit sans s'en douter l'empire de son amour pour notre chère enfant. Il croit être toujours bien sévère, et il serait fort étonné d'apprendre qu'il fait tout ce qu'elle veut. C'est que la rigidité de mon mari tient à ses habitudes et non pas à son cœur. C'est qu'il savait bien ce que c'était que commander, et qu'il ne savait pas encore ce que c'est qu'aimer son enfant.

Quelques jours après, j'eus lieu de voir combien madame Dussert avait raison. Comme nous allions ensemble assister au retour des ouvriers, nous entendîmes la voix sévère de M. Dussert :

— Qu'on ne m'en parle plus, disait-il, c'est un méchant garnement.

Le premier des ouvriers, celui qui dirigeait les autres, disait à M. Dussert :

— Hélas! monsieur, sa vieille mère n'avait que lui pour la soutenir. Eh bien, il remplacera les deux moutons qu'il a laissé égarer. Nous l'aiderons, mais ne le chassez pas, monsieur; personne n'en voudra plus dans le pays, si vous le chassez.

— Qu'est-ce à dire? reprit M. Dussert; je m'occupe fort peu de la perte de deux moutons, mais je ne veux pas chez moi d'un paresseux qui dort, au lieu de veiller sur son troupeau, ou qui peut-être a fait pis encore, et qui l'a quitté pour voler des fruits à quelques voisins.

Nous approchâmes, et nous vîmes un petit berger appelé Gabriel, entouré de quelques ouvriers; il était tout tremblant devant son maître, et pleurait à chaudes larmes. Madame Dussert lentement s'avança, et dit à son mari :

— Mon ami, il me semble...

M. Dussert l'interrompit tout de suite :

— Ne me donnez pas la peine de vous refuser, madame, ne me demandez pas la grâce de ce petit misérable. Je l'ai chassé...

— Pardon encore, balbutia le petit berger... mais c'est pas pour moi... c'est pour...

— Qu'on l'emmène et que tout ceci finisse, dit M. Dussert, d'un ton qui n'admettait pas de réplique.

Le petit berger s'en alla en pleurant, et chacun prit sa place au souper qui était servi. Le repas fut triste ce soir-là; Louise ne courait point autour de la table, en faisant ses jolies espiègleries; elle était assise aux pieds de sa mère sur un tabouret, et prenait furtivement dans la petite poche de son tablier des noisettes qu'elle jetait dans le feu. M. Dussert, aussi étonné ce soir-là de la tranquillité qui régnait dans la cuisine, qu'il l'eût été autrefois du bruit qu'on y faisait la veille, se pencha vers Louise et lui dit :

— Tu ne joues pas ce soir, qu'as-tu donc ?

— Je n'ai rien, papa, dit Louise, qui baissa tout de suite la tête et devint rouge jusqu'aux oreilles.

— Que faisais-tu là ?

— Je ne faisais rien.

— Comment, tu ne faisais rien ? il me semble que tu jetais quelque chose dans le feu ? Ce sont des noisettes, ce me semble ?

— Non, papa, reprit la petite fille tremblante, je n'ai pas de noisettes.

— Comment ! en voilà encore dans ta poche...

Louise se tut, commença à faire une petite moue, et peu à peu des larmes lui vinrent aux yeux.

— Qu'est-ce que cela signifie ? dit M. Dussert d'un ton sévère. Vous mentez ?

La pauvre enfant se prit à trembler de tout son corps, et bientôt elle éclata en sanglots, et tombant à genoux devant son père, elle s'écria avec une frayeur inouïe :

— Oh! papa, ne me chassez pas, ne me chassez pas!

M. Dussert, tout alarmé, prit sa fille sur ses genoux ; sa mère et moi cherchions à la calmer. mais elle continua à pleurer en répétant à travers ses sanglots :

— Ne me chassez pas! ne me chassez pas!

Son père l'embrassait et la caressait, et lui promettait de lui pardonner. Enfin Louise, rassurée, finit par nous dire, tout en mêlant quelques sanglots à la confidence :

C'est que, vois-tu, j'a... j'a... j'avais envie de manger des noisettes..... j'ai dit à..... à..... Gabriel d'aller m'en cueillir dans le bois, et c'est pendant ce temps qu'il... qu'il a perdu ses moutons.

Et c'est toi, lui dit madame Dussert, qui es cause qu'on a chassé le petit berger.

Allons, allons, lui dit M. Dussert, n'allez-vous pas la gronder? Cela ne lui arrivera plus.

Oui... dit Louise... mais Gabriel... si tu chasses Gabriel, j'aurai du chagrin.

Eh bien, dit M. Dussert en souriant, va lui dire qu'il revienne souper et que je le garde.

Merci, papa, cria la petite fille, en sautant des genoux de son père, j'y vais, j'y vais.

Toute cette scène s'était passée durant le souper, et pendant le temps qu'elle avait duré, un profond silence avait occupé toute la salle.

Mais, dès que tout fut fini et que Louise eut quitté les genoux de son père, un murmure joyeux circula autour de la table; quelques-uns du fond du cœur, d'autres, à ce qu'il me parut, avec un empressement bas et faux; la petite autorité d'une jeune enfant de trois ans avait déjà des flatteurs. Le soir même, j'en parlai à madame Dussert; elle se prit à rire quand je lui dis que je trouvais que son mari avait été trop indulgent, et que son pardon autoriserait sa fille à avoir vis-à-vis des domestiques mille petites exigences pour lesquelles ils étaient sûrs d'être excusés à cause d'elle.

— N'allez-vous pas, me dit-elle, avoir la prétention d'être plus sévère que mon mari? Je voudrais vous voir avec un enfant, je suis sûr que vous le gâteriez toute la journée. Si vous saviez ce que c'est que d'entendre pleurer son enfant et de le voir souffrir! Je ne sais comment vous exprimer cela ; mais il me semble que ce n'est plus avec les yeux et les oreilles qu'on le voit et qu'on l'entend : on dirait que c'est avec le cœur, qui pleure et crie aussi dans notre poitrine. Tenez, vous n'y comprenez rien, il n'y a qu'un père et une mère qui sachent ce que c'est qu'aimer.

J'avais oublié cette aventure, et j'étais revenu à Paris depuis quelques mois, lorsqu'à neuf heures du soir, un domestique à cheval entre dans la cour de ma maison et me remet une lettre. Il n'y avait que ce peu de mots écrits d'une manière presqu'illisible :

« Ma fille se meurt : viens... un médecin. »

Je fais seller mon cheval ; je cours d'abord chez mon médecin. Je prends le cheval du domestique qui m'avait apporté la lettre, et nous voilà tous deux courant au galop sur la route d'A... Lorsque nous arrivâmes, nous courûmes à la chambre de madame Dussert, et là un spectacle affreux s'offrit à nous. Louise était sur les genoux de sa mère, son joli et frais visage était pâle, livide, les yeux sortis de la tête ; elle se tordait en poussant des cris aigus. Sa mère la pressait dans ses bras en pleurant et en lui faisant à travers ses pleurs des questions auxquelles l'enfant ne répondait pas. M. Dussert, assis devant elle, était aussi pâle que sa fille ; son corps était immobile ; sa tête pendait sur sa poitrine et son œil fixe ne semblait plus rien voir.

Au moment où j'entrai avec le docteur, on eût

dit que chacun avait été frappé d'un coup surnaturel. Madame Dussert s'élança vers le docteur qu'elle ne connaissait pas, mais que sa douleur de mère devina, et elle lui tendit son enfant. Dussert se leva aussi, mais sans pouvoir avancer ni reculer. Les domestiques s'arrêtèrent tous, les yeux attachés sur le docteur, mais tout cela sans qu'une parole fût prononcée. C'était un terrible silence, car le premier mot du docteur était un arrêt de vie ou de mort. Il plaça Louise sur un lit et l'examina avec soin.

— Cette enfant a été empoisonnée, dit-il.

Un cri d'horreur partit de tous les coins de la chambre ; l'idée qu'un crime si grand pouvait se joindre à un si grand malheur épouvanta tout le monde. Chacun s'entre-regardait, lorsque M. Dussert, ne pensant qu'à sa fille, s'écria :

— Eh bien ! que faut-il faire ?

Le docteur ordonna un vomitif, et pendant qu'il se préparait avec les drogues dont la pharmacie de la maison était approvisionnée, j'allai dans la cuisine pour interroger les domestiques ; chacun se défendait avec désespoir et offrait sa vie en preuve de sa bonne conduite. Tout à coup un laboureur entre, et, ne me voyant pas au milieu de tous les domestiques, il dit :

— C'est fini, il est mort...

— Qui, mort? m'écriai-je en m'élançant sur cet homme...

Il balbutie d'abord, puis il reprend avec crainte :

— Le petit Gabriel est mort...

— Empoisonné peut-être?...

Tout le monde se tut. Enfin le laboureur, pressé par mes questions, finit par me dire que Gabriel lui avait avoué que, sur la prière de Louise, il avait été chercher des champignons dans le bois, qu'une servante avait consenti à aller leur préparer, et que tous deux les avaient mangés en cachette. Je fis chercher cette servante, mais elle avait disparu depuis une heure, et je revins dans la chambre de madame Dussert. Je fis part au docteur de ce que j'avais appris, et il me fit voir des morceaux de champignons que Louise avait vomis. En ce moment, elle était assez calme, et à chaque bout de son lit étaient assis son père et sa mère, qui ne se parlaient pas et ne se voyaient pas, absorbés tous deux dans le désespoir. Le docteur me fit un signe, et nous nous retirâmes dans un coin : il me dit tout bas :

— Cette enfant sera morte dans un quart d'heure, éloignez son père et sa mère, car ses dernières convulsions peuvent être épouvantables.

Je demeurai anéanti, je ne savais que faire ni que dire. Je pensais bien qu'en prenant un ton décidé et ferme vis-à-vis de madame Dussert, elle se laisserait conduire où je voudrais, tant elle était facile et soumise dans tout ce qu'on lui demandait ; mais je tremblais de faire cette proposition à Dussert ; je savais tout ce qu'il avait de résolution pour les moindres choses. J'avais vu Dussert supporter, avec un courage inouï des douleurs atroces, et je n'avais pas d'espoir de le résoudre à s'éloigner du lit de mort de sa fille. Cependant je m'approchai de lui.

— Mon ami, lui dis-je doucement, j'aurais à vous parler... venez...

Il se leva, et, jetant un regard abattu et désespéré sur sa fille, il se mit à pleurer comme un enfant, il tomba dans mes bras en disant :

— Ah! tu veux m'emmener parce qu'elle va mourir? ne m'emmène pas, je t'en prie...

Certes, il ne voulait pas s'éloigner, mais aucune idée de résistance ne lui entrait à l'esprit, tant la douleur avait brisé ce caractère inflexible et volontaire. J'en étais tout surpris lorsque, sur un signe du docteur, je profitai de cet état d'abattement et repris :

Allons, Dussert, soyez homme... Venez...

Je le pris par la main et l'entraînai. Je m'attendais à le voir se précipiter sur le lit de sa fille et s'y attacher. Mais il me suivait la tête basse, laissant tomber de ses yeux de grosses larmes, et me répétant avec un accent qui avait quelque chose de déchirant, mais de timide :

— Oh! tu m'emmènes... pourquoi m'emmènes-tu?... je t'en prie... je veux rester... je t'en prie...

Mais pendant qu'il me parlait ainsi, je l'avais fait sortir. Je le confiai à un domestique, qui le conduisit dans le jardin, espérant que l'air le remettrait un peu. Je rentrai dans la chambre ; Louise commençait à s'agiter. Je voulus éloigner madame Dussert, et, d'après ce que je venais de voir, je pensais que cela me serait facile. Je la pris donc par la main, et lui dis avec quelque fermeté :

— Ma cousine, venez, votre mari vous attend.

Elle releva la tête.

— Votre présence est inutile ici, ajoutai-je.

— Inutile! s'écria-t-elle, en se redressant tout à fait.

Jamais, non, jamais je n'entendis un accent si sublime, je ne vis un regard si admirable que celui qui accompagna cette exclamation. Il n'y a pas de mots assez forts pour peindre l'indignation qu'elle avait dans le regard, l'étonnement qu'elle mit dans cet accent.

— Inutile ! répéta-t-elle.

Il semblait qu'elle prît pour un fou ou pour un misérable, l'homme qui osait lui proposer de quitter sa fille. Je n'osai lui dire un mot de plus. Le docteur insista pour qu'elle s'éloignât.

— Que me voulez-vous ? lui répondit-elle avec une terrible résolution, je ne veux pas sortir.

Le docteur s'avança vers madame Dussert pour lui prendre les mains.

— Ne m'approchez pas, s'écria-t-elle, ne m'approchez pas ! oh ! je ne réponds plus de moi ! et avec un geste furieux, elle prit un couteau.

Je demeurai stupéfait de cette colère dans une femme si douce et si faible : car je ne savais pas ce que peut l'amour d'un père et d'une mère pour un enfant; je ne savais pas combien il peut briser le courage le plus ferme et exalter le cœur le plus soumis.

Cependant, quelques cris de Louise nous annoncèrent ses dernières convulsions ; la pauvre enfant s'attachait aux draps de son lit, et les serrait de ses petites mains, comme pour s'attacher encore à la vie qu'elle allait quitter. Sa mère, l'œil fixé sur elle, la regardait avec désespoir et ne savait que lui dire ces mots :

— Louise !..... Louise !..... c'est moi... c'est ta mère... Louise !...

Mais l'enfant ne répondait pas, et portait un regard insensible et mort vers le bruit qu'il entendait, puis il le détournait sans qu'il semblât avoir rien vu. Alors sa mère redoublait ses cris. Enfin nous profitâmes d'un moment où elle était tombée à genoux près du lit, et la saisissant par derrière, nous parvînmes à l'éloigner de quelques pas ; mais elle se débattit avec une telle violence, qu'il fallut l'aide de plusieurs domestiques forts et vigoureux pour contenir cette femme si délicate. Enfin on l'emporta de cette chambre fatale, et elle ne vit pas les dernières et affreuses convulsions de son enfant. Louise mourut quelques minutes après.

Je descendis dans le jardin : la pluie était survenue ; madame Dussert était assise sur un banc, et elle n'écoutait personne, quoiqu'on lui conseillât de chercher un abri : elle était échevelée, ses dents claquaient de froid, ses habits dégouttaient de pluie, et son mari, à genoux sur la terre, la tête cachée sur les genoux de sa femme, ne sentait pas plus qu'elle la pluie qui le glaçait, et n'écoutait pas davantage les exhortations de ceux qui les entouraient. Le docteur fit éloigner tout le monde, et m'emmena avec lui. Je lui témoignai quelques craintes de ce qui pourrait arriver.

—Ne voyez-vous pas, me dit-il, qu'il n'y a qu'eux deux qui puissent se comprendre et se parler selon leur cœur? Vouloir les consoler serait leur imposer un supplice plus affreux que leur désespoir... laissons-les pleurer, la douleur s'échappe par les larmes; dans quelques heures nous reviendrons.

Nous revînmes en effet. Nous vîmes M. Dussert assis à côté de sa femme, à laquelle il parlait. Celle-ci l'écoutait la tête baissée. Quand j'approchai, Dussert me tendit la main, et à peine si sa voix était émue, si une larme vint à ses yeux quand il remercia le docteur. Madame Dussert au contraire pleurait abondamment ; mais lorsque je lui demandai de rentrer et de prendre du repos, elle me suivit humblement et sans prononcer une parole.

Le matin j'obtins de Dussert qu'il quitterait sa maison pour quelques jours. Il partit de bonne heure avec sa femme. Je fis enterrer Louise dans la journée et le soir je m'occupai des détails de l'empoisonnement. Je fis chercher la servante qui avait préparé les champignons, et ce fut avec une nouvelle terreur que j'appris que la malheureuse avait eu l'esprit si troublé du malheur dont elle était cause, qu'elle s'était noyée dans l'étang qui bordait les propriétés de M. Dussert.

Gabriel était mort. Tous avaient péri victimes de la même faute; et cette histoire doit montrer aux enfants que c'est souvent avec raison et pour leur salut qu'on les punit sévèrement, pour des fautes bien légères en apparence, mais qui peuvent entraîner d'affreux malheurs à leur suite.

LE PETIT PÊCHEUR

Pour vous, enfants, à qui l'on donnera en étrennes ce joli livre, avec ses gracieuses lithographies, l'histoire de votre vie commence tard. Ce n'est que lorsque vous serez tout à fait des jeunes gens ou de grandes demoiselles, qu'il y aura pour vous, dans l'existence, des inquiétudes et des soucis. Aujourd'hui votre mère a tous ceux de votre santé ; votre père, tous ceux de votre fortune. On vous étonnerait beaucoup si l'on vous disait demain que vous êtes déjà assez avancés pour être utiles aux autres et devenir un appui de votre famille. Vous seriez bien épouvantés si l'on vous annonçait qu'il faut que vous achetiez le dîner de votre père avec les produits de votre travail : je vous vois tout embarrassés entre votre dictionnaire latin et votre carte de géographie, et ne sachant que pleurer, ce qui est déjà quelque chose. Pleurer sur le bien qu'on ne peut pas faire, c'est donner avec le cœur : c'est l'intention que Dieu, dans sa clémence, tient presqu'à l'égal de l'action.

Si je vous fais ces réflexions, enfants, ce n'est pas que je blâme l'éducation qu'on vous donne. Vous êtes riches, et destinés à tenir dans la société une place où ce que vous apprenez est une nécessité ; mais ce que je vous dis, c'est pour que vous ne regardiez pas en mépris ces pauvres enfants qui passent près de vous, qui ne savent ni lire ni écrire comme vous, mais qui savent déjà ce que vous ne saurez que quand vous serez grands.

Ils savent, ces pauvres enfants, que la vie est une lutte contre l'adversité ; que chaque heure en est précieuse, et que chaque heure perdue est un trésor

LE PETIT PÊCHEUR. 163

qu'on ne recouvre plus, comme s'ils jetaient un morceau de pain dans un foyer qui brûle. Cet avertissement vous arrivera un jour, lorsque, appelés à faire usage de votre éducation, vous découvrirez que vous êtes ignorants de certaines chôses que vous deviez apprendre et que vous avez délaissées pour quelques heures de plaisir et de paresse. Votre carrière vous deviendra difficile quand vous serez hommes, parce que vous n'aurez pas été laborieux étant enfants.

Mais, comme je vous l'ai déjà dit, il sera bien tard, peut-être trop tard, quand vous apprendrez cela. Il n'en est pas ainsi pour les pauvres enfants dont je vous parle; ils le savent dès qu'ils peuvent agir et marcher; la nécessité n'attend pas qu'ils soient grands pour les en instruire. Chaque jour amène la faim qu'il faut satisfaire, chaque nuit son sommeil dont elle a besoin, et il faut, les pauvres petits, qu'ils pensent à leur faim et à leur sommeil de chaque jour.

Ecoutez l'histoire de Tony Brot, que j'ai apprise il y a bien longtemps, et je vous laisse à juger si aucun de vous, sous ses beaux habits de drap fin, vaut autant que ce petit pêcheur avec ses guenilles.

Tony Brot était un petit enfant en 1807. Il demeurait dans un hameau sur la côte d'Angleterre qui regarde la France. Il avait à peine six ans, lorsqu'un soir qu'il avait passé toute la journée à ramasser sur la grève les morceaux de bois que la mer y jette dans les jours de tempête, il rentra tout courbé sous son fardeau. Sa mère n'était point dans sa cabane, son père n'était pas revenu de la pêche; Tony, en les attendant, allume le feu pour faire cuire le poisson que son père apportera. Il va et vient dans toute la maison, il prépare la table et se fait une joie de la surprise de sa mère, quand elle trouvera tout ce qu'il faut à sa place. Cependant l'heure passe, et Tony, qui n'a jamais apporté un si gros fardeau de bois, se désole d'être obligé de le diminuer pour alimenter le feu qui brûle toujours sans que son père puisse voir combien il a travaillé ce jour-là.

Enfin la nuit vient tout à fait, et personne ne rentre. Tony, alarmé, court chez quelques voisins, qui s'étonnent comme lui de ce retard. On s'inquiète, on s'informe ; mais on n'apprend rien et on ramène le pauvre petit tout en pleurs dans la chaumière. Il n'y avait personne encore. Quelques voisines restèrent d'abord à jaser sur cette étrange absence ; puis elles regagnèrent peu à peu leur maison, et Tony se retrouva tout seul au coin de son feu. Il y jetait de temps en temps un morceau de bois, puis il pleurait ; quelquefois il avait peur, quand la porte, poussée par le vent, s'agitait sur ses gonds ; quelquefois il s'endormait malgré lui, et lorsqu'un bruit plus fort lui faisait ouvrir les yeux, il voyait les flammes de son petit feu qui faisaient danser de grandes ombres sur la mer. Il se levait alors, il courait jusqu'à la porte de la rue, se mettait à crier de toutes ses forces. Mais rien ne répondait, rien, que le bruit lointain de la mer, qui se brisait sur les rochers de la côte. Enfin, la fatigue l'emporta ; Tony s'endormit.

Il fut éveillé par un grand bruit; il fut bien étonné de voir entrer au matin des soldats commandés par un officier de justice. Celui-ci demanda si ce n'était point la cabane du pêcheur Jack Brot. Un voisin lui répondit que c'était bien la cabane qu'il demandait. Aussitôt l'officier fit un signe à ses soldats, et ils se mirent à visiter la maison dans tous ses recoins. Tony leur demanda ce qu'ils voulaient, et pourquoi ils renversaient ainsi tous les meubles. On ne lui répondit pas ; alors il voulut les arrêter et se plaça entre eux et une petite armoire de chêne que les soldats voulaient briser.

— Oh! s'écria l'officier, c'est là sans doute qu'est le magasin ; le petit drôle le défend trop bien pour qu'il n'en connaisse pas la valeur ; allons, écartez-le.

Et comme Tony voulut résister, un soldat le prit par le bras et le jeta rudement à l'autre bout de la chambre où il tomba. Il se releva tout saignant, car son nez avait frappé contre terre : il pleurait aussi beaucoup, et tout en essuyant ses larmes et son sang, qui coulaient ensemble sur son visage :

— Oh! vous verrez, s'écria-t-il, quand papa et maman reviendront, vous verrez...

L'officier se prit à rire, et répondit sans trop d'attention :

— A moins que les poissons n'en veuillent pas pour leur souper, tu cours grand risque de ne les plus revoir ni morts ni vivants.

Tony, qui ne comprit pas bien cette atroce plaisanterie, continuait à pleurer et à répéter :

— Vous verrez... vous verrez... ah! mon Dieu, ils ont déchiré la robe neuve de maman. Qu'est-ce qu'elle mettra dimanche ?...

L'officier le regarda d'un air de mauvaise humeur.

— Quand je te dis, petit braillard, qu'ils n'ont

plus besoin de rien, qu'ils sont morts et noyés tous deux.

— Morts et noyés! s'écria le petit; morts et noyés! Comment, reprit-il en s'adressant à un voisin, morts comme votre frère Tom, que j'ai vu dans son lit, et qui ne bougeait plus? Noyés comme le pêcheur Bergh, que nous avons ramassé sur la grève, il y a un mois?

— Oui, lui dit le voisin, morts et noyés comme cela.

L'enfant resta si anéanti qu'il ne pleura plus. A cet âge, l'idée de la mort est si difficile à comprendre qu'il semblait qu'il chercha tout ce que voulait dire ce mot cruel. Pendant ce temps, l'officier continuait :

— Et ça n'a pas été leur faute; ils filaient devant nous comme des mouettes avec leur contrebande, mais un boulet bien ajusté les a un peu fait clocher et nous sommes arrivés juste au moment où gens et bateau s'enfonçaient pour ne plus reparaître.

— Et vous êtes sûr qu'il avait des marchandises de contrebande ? dit un des voisins.

Il y a longtemps que Jack Brot m'est dénoncé comme un contrebandier déterminé, et j'en soupçonne plus d'un parmi vous d'être son associé; prenez-y garde, et que l'exemple vous serve.

L'exemple était terrible en effet. Les soldats n'ayant rien trouvé dans les meubles et supposant que les murs renfermaient quelque cachette, les frappaient violemment de la crosse de leurs fusils. A un endroit, il leur parut que cela sonnait creux, et, ne trouvant point de porte, ils entreprirent de démolir cette partie du mur. Ils le firent en effet; et la colère de l'officier était si grande de ne rien trouver chez ces malheureux, qu'il avait si horriblement immolés, qu'on renversa presque toute la cabane de fond en comble. Quand cette épouvantable opération fut faite, quelques murmures s'élevèrent contre la conduite de l'officier; mais celui-ci, plus furieux, s'écria :

— Je vous dis que c'était un contrebandier, et si je n'ai rien trouvé chez lui, c'est que quelqu'un de vous recèle ses marchandises : je le découvrirai. Aussitôt il s'éloigna, laissant Tony assis tristement sur les débris de sa pauvre cabane. Quelques voisins le regardèrent en pitié; mais craignant que, s'ils lui donnaient asile, l'officier ne les soupçonnât et ne fît de leurs cabanes ce qu'il avait fait de celle de Jack, ils s'éloignèrent et le laissèrent tout seul. Le pauvre Tony passa toute la journée assis à la place où on l'avait laissé, pleurant à chaudes larmes et pensant qu'il ne verrait plus jamais son père ni sa mère.

Cependant la nuit vint, et avec la nuit l'heure du souper. Tony avait faim; il regarda autour de lui, il n'y avait rien, il n'y avait personne. Pauvre enfant! il tourna longtemps ses yeux de tous côtés et il se rappela combien de fois il avait attendu, à cette même place, son père ou sa mère qui lui apportaient quelque friandise. Mais les chemins étaient déserts et silencieux. Il ne voyait point paraître, à travers les arbres, la coiffe rouge de sa mère, et n'entendait pas la joyeuse chanson de son père qui disait :

> Me voici, me voici ; je suis riche,
> J'ai un beau saumon pour souper.
> Et un coquillage brillant pour faire jouer mon fils.

C'était un bien triste désespoir que celui de cet enfant, si faible, qui ne savait que pleurer. Enfin, il se décide à quitter ces misérables décombres et va pour frapper à la porte d'un voisin.

Le pauvre petit n'osa point à la première et il alla plus loin : à chaque porte, il s'arrêtait pour frapper ; mais à chaque porte, il manquait de courage et continuait son chemin, espérant qu'il gagnerait un peu de résolution en allant de l'une à l'autre. Ainsi il arriva jusqu'au bout du village. Mais lorsqu'il fut à la dernière porte, il lui fallut bien frapper. On ouvrit, et un homme de mauvaise mine se présenta.

— Que veux-tu? dit-il en voyant Tony.

— Hélas! hélas! maître Blump!...

— Pourquoi as-tu choisi ma maison? Je vois ce que c'est, les voisins n'ont pas voulu de toi, et tu viens ici parce qu'on t'a chassé de partout. Je ne me soucie pas plus qu'un autre de la visite des douaniers. Va-t'en où tu voudras.

Et, sans autres explications, il lui ferma la porte au nez. Il était neuf heures du soir et Tony n'avait rien mangé depuis la veille. Il faisait bien froid; alors il pensa qu'il allait aussi mourir; il se mit à genoux sur le chemin, et pria Dieu tout haut, en lui redemandant son père et sa mère. Tandis qu'il se désolait ainsi, il n'aperçut pas auprès de lui un homme qui le considérait; mais comme, parmi ses plaintes, il criait souvent:

— Mon Dieu, mon Dieu, j'ai faim, il entendit une voix qui lui répondit:

— Travaille.

L'enfant, au lieu de s'épouvanter et de fuir, répondit soudainement :

— Je veux bien.

Aussitôt il aperçut un homme qui s'avança vers lui.

C'était un vieillard appuyé sur son bâton. Il était si vieux et si faible que le pauvre Tony, lui, si faible et si jeune, put lui être en aide, en se chargeant d'un panier d'osier où fretillaient une douzaine de jolis poissons. Tous deux prirent la route d'une cabane éloignée, l'enfant et le vieillard marchaient côte à côte ; l'enfant racontant ses infortunes, le vieux pêcheur lui répondant des choses que Tony ne comprenait pas, car la douleur des hommes est au-dessus de l'intelligence des enfants.

— Tu as perdu ton père et ta mère, c'est triste ; moi, j'ai vu mourir mon fils, c'est triste et horrible ; c'est injuste. C'est injuste, que moi je traîne sur la terre ma misérable vie, après qu'elle n'a plus d'espérance, qu'elle est morte avec mon fils.

Et le vieillard et l'enfant pleuraient tous deux, en discourant ainsi. Bientôt ils arrivèrent à la hutte du pauvre homme.

Il raconta à Marthe, sa vieille femme, la rencontre qu'il avait faite de l'enfant ; il lui dit que c'était le fils de Jack Brot, et lui apprit comment il était resté orphelin, sans pain et sans asile. La vieille femme embrassa Tony, et le fit souper. Puis le pauvre petit s'endormit en bénissant le vieillard et sa femme; puis il vit en songe son père et sa mère qui le bénissaient. Le matin, il se leva plein de force et de courage. Le vieillard était déjà debout, et il arrangeait avec son couteau une longue baguette de bois; Tony reconnut que c'était une ligne. Il avait vu déjà quelques petits pêcheurs s'en servir, mais son père, craignant qu'il ne s'aventura sur les rochers qui bordaient la mer, n'avait jamais voulu lui en donner une. Jonathas (c'était le nom du vieillard) lui remit celle qu'il arrangeait et il l'emmena sur le bord de la mer. Là, il lui apprit comment il fallait s'y prendre pour amorcer l'hameçon, comment il fallait le jeter et comment on attirait le poisson lorsqu'il y mordait. Ce travail, enfants, ne vous semble pas, sans doute, bien pénible; mais, pour Tony, il l'était plus que vous ne pensez; car, pour lui, habitué à courir tout le jour sur le bord de la mer, à gambader, à chanter et à grimper sur les rochers, c'était une rude pénitence que de rester des heures entières immobile et silencieux, sans voir le moindre poisson mordre à sa ligne, ou pour le laisser échapper quand il approchait. Car, lorsque Tony en apercevait un, il était si joyeux, qu'il l'effrayait presque toujours par ses mouvements brusques. La journée fut mauvaise. Non-seulement Tony ne prit rien, mais encore Jonathas, occupé de lui enseigner ce qu'il devait faire, manqua la pêche ordinaire et le souper fut bien maigre le soir. Le vieillard ni sa femme ne dirent mot; mais Tony le vit bien, et il se coucha triste et honteux. Le lendemain il se tint plus tranquille et il prit quelques petits poissons. Enfin, il mit tant d'attention qu'en peu de jours il fut presque aussi habile que le vieillard lui-même : bientôt même il le surpassa; car leste et jeune comme il était, il ne craignait pas de s'aventurer sur les rochers avancés dans la mer, où la pêche était meilleure, mais où Jonathas ne pouvait le suivre.

Un an se passa ainsi. Quelquefois il arrivait que le vieillard envoyait Tony tout seul à la pêche, et toujours le petit pêcheur rapportait plus de poissons qu'il n'en fallait pour la nourriture de la famille. Avant l'arrivée de Tony, Jonathas avait fait quelques petites économies pour les jours de malheur. Bientôt, grâce au travail de l'enfant, elles devinrent assez considérables pour que Jonathas conçût l'espérance d'amasser une somme suffisante pour lui acheter une barque et des filets, dès qu'il pourrait s'en servir. Il en avait prévenu Tony, qui redoublait de travail, dans l'espoir de se voir un jour maître d'une belle barque neuve, avec une voile blanche et de lourds avirons, pour lutter contre l'orage. C'était un garçon déterminé que Tony, qui faisait un mille dans la mer en nageant, et à qui les grands pêcheurs disaient bonjour comme à un homme, en lui demandant comment allaient ses petites affaires et son commerce.

Un jour où la pêche avait été mauvaise, il s'était cependant décidé à rentrer de bonne heure, malgré son peu de succès. Toute la journée, il avait vu des barques inconnues errer sur le bord de la côte ; les douaniers en armes avaient couru le long de la mer, et on avait entendu le canon de la ville voisine. Il regagna la cabane de Jonathas qui venait au-devant de lui et qui fut bien content de le voir.

— On a aperçu des vaisseaux français, on craint une descente ; tu as bien fait de venir.

Comme ils étaient à table, ils entendirent frapper à la porte, et un messager entra. Il demanda si ce n'était pas là que demeurait le petit Tony Blot, et quand il en fut assuré, il lui remit une lettre. Le pauvre Tony ne savait pas lire, le vieillard non plus. Le messager ignorait ce que contenait la lettre. Ils étaient bien embarrassés. Enfin ils résolurent d'attendre au lendemain, pour aller chez le pasteur. Ils se perdaient en conjectures sur le contenu d'une lettre adressée à un si petit enfant, lorsqu'ils furent interrompus par une vive canonnade. Ils sortirent et coururent sur le bord de la mer : ils virent un brick français qui se défendait contre une grande frégate anglaise.

Tony regardait avec admiration ce terrible spectacle, lorsqu'il aperçut une petite embarcation sur laquelle étaient deux hommes. A peine fut-elle à quelque distance du vaisseau français qu'un boulet anglais la traversa et qu'elle fut en un instant submergée. Les deux hommes disparurent.

— C'est ainsi, pensa Tony, que sont morts mon père et ma mère.

Et, de tous ceux qui contemplaient le combat, il fut peut-être le seul dont les yeux ne quittèrent pas la place où tout avait disparu, pour regarder les deux navires ; aussi, il fut le seul qui, après un moment d'attente, vit l'eau bouillonner et une tête reparaître à la surface. C'était un des hommes qui montaient le batelet qui se sauvait à la nage ; Tony le vit se diriger vers la terre, et il disparut bientôt derrière une pointe de rocher.

— Ah ! pensa-t-il, mon père aurait pu se sauver ainsi !

La nuit vint avant que le combat fût fini, et les deux navires s'éloignèrent ; Tony rentra dans la cabane, et bientôt on n'entendit plus rien. Tout à coup, au milieu de la nuit, on frappe doucement à la porte : le vieillard demande qui est là, mais on ne répond pas et l'on frappe de nouveau. Il se lève.

Aussitôt, et par une lucarne pratiquée dans le mur, il regarde et aperçoit un homme qui l'implore à voix basse de lui donner l'hospitalité. Jonathas l'introduit et voit bientôt que c'est un des marins du brick français. Tony soupçonne que c'est celui qu'il a vu nager vers la terre. D'abord Jonathas est fort embarrassé; car il sait que la loi punit rigoureusement tout Anglais qui cache un prisonnier français; cependant la pitié l'emporte; il le reçoit. Le malheureux était tout mouillé, et l'on rallume le feu pour le sécher. Une fois qu'il est un peu remis, il raconte à Jonathas qu'il est enseigne, qu'il appartient à une très-riche famille de France, et qu'il donnerait une grosse somme à celui qui le ferait échapper d'Angleterre. Tony écoutait avec anxiété.

— Hélas! dit-il, nous n'avons pas de barque.

— Ni barque, ni bras, dit Jonathas. Nous avons bien le voisin Blump, qui plus d'une fois s'est risqué, la nuit, avec sa barque, pour sauver des prisonniers; mais comme c'est dangereux, il se fait payer cher.

— Tout ce qu'il voudra, s'écria le jeune homme.

Et aussitôt il chercha sa bourse; mais le malheureux l'avait perdue, et ce fut avec un affreux désespoir qu'il reconnut qu'il lui faudrait aller partager le sort de ses misérables compatriotes dans les horribles prisons où on les enfermait. Jonathas était attendri, et Tony se taisait tristement.

— Nous avons bien deux guinées, dit-il, après un long silence.

— Tony, dit Jonathas, c'est notre seul bien, et quand nous voudrions le sacrifier, il ne suffirait pas pour payer Blump.

— Ah! s'écria Tony, mon père Jack, eût sauvé pour rien l'officier.

— Ton père Jack, Tony, dit le vieillard, était un honnête homme, quoiqu'on l'ait poursuivi et tué comme contrebandier.

— Cet enfant n'est donc pas à vous? dit le Français.

— Non. C'est un orphelin que nous avons nourri d'abord par pitié, et qui nous le rend, tout petit qu'il est.

— Et son père s'appelait Jacques? reprit le Français.

— Oui, Jack, répliqua le vieillard trompé par la

prononciation française de l'enseigne, Jack Brot.

— Jack Brot. Je ne sais si je prononce bien ; mais voici comment cela s'écrit.

— Nous ne savons pas lire, dit Jonathas.

— Mais, dit l'enfant, voici le nom de mon père écrit ; voyez, Monsieur, si c'est comme cela. Et il lui montra la lettre qu'on lui avait apportée.

— Oui, oui, dit l'officier, c'est bien cela. Et tout aussitôt il ouvre la lettre et la parcourt. Tantôt ses yeux brillaient d'une expression de colère, tantôt d'un vif étonnement. Enfin, lorsqu'il fut arrivé à la fin il s'écria :

— Grâce au ciel, justice est faite.

— Que contient donc cette lettre ? s'écria Tony.

— Elle vous apprend, mon petit ami, que la sentence prononcée contre votre père vient d'être rapportée, et qu'on vous rend la cabane qu'on avait confisquée, en y ajoutant dix guinées pour la faire reconstruire ; mais ce que je vous annonce de plus heureux encore, c'est que votre père et votre mère ne sont pas morts.

— Où sont-ils? s'écria Tony.

— En France, où je les ai conduits, après les avoir recueillis au milieu de la mer, pendant que mon brick croisait sur cette côte.

— Mon père! ma mère! criait Tony; ils ne sont pas morts! je vais les voir! les voir!

— Hélas! reprit le marin, ils sont prisonniers comme moi, qui ne reverrai peut-être jamais ma mère qui m'attend, ils ne reverront peut-être jamais leur fils.

Tony tomba alors dans une profonde méditation, et il ne se coucha pas de la nuit. Le lendemain, quand tout le monde s'éveilla, on ne le trouva point. Jonathas ne savait que penser; il craignait que, dans l'espoir de gagner de l'argent, Tony n'eût été dénoncer l'officier, qu'il cacha soigneusement. Enfin, la nuit venue, Tony rentra; il était pâle, couvert de sueur et de boue.

— Monsieur, dit-il à l'officier, Blump vous attend, l vous mènera jusqu'à la côte de France : le marché est conclu.

— Grand Dieu! s'écria l'officier, comment avez-vous fait?

— J'ai été à la ville, j'ai vu le greffier qui m'a donné mes guinées ; avec les deux que nous avons ici, ça fera le compte de Blump. Quand vous m'aurez renvoyé mon père et ma mère, ils reconstruiront bien leur cabane tout seuls, et ils m'achèteront une barque pour devenir un grand pêcheur.

Le brave officier français se prit à pleurer en entendant parler si généreusement ce tout petit enfant. Il l'embrassa longtemps et le suivit jusqu'au bord de la mer. Blump le conduisit en France, et trois mois après Jack Brot et sa femme étaient rentrés en Angleterre, mais riches, par la générosité de leur fils à qui le Français envoyait une grosse somme.

JANE GREY

OU LA REINE DE SEIZE ANS.

Le jour commençait à pénétrer dans une chambre basse d'une maison située dans la rue de Guild-Hall. Aussi entendait-on la voix grondeuse d'un homme qui, du haut de l'échelle qui conduisait à l'étage supérieur, excitait la lenteur de quatre ou cinq valets, en train de faire leur toilette. Comme ils finissaient de s'habiller, celui qui semblait leur maître descendit. Un des valets lui présenta une hache qu'il examina avec soin. Il promena ses regards autour de lui, et demanda brusquement où était maître Fayry. Celui-ci entra aussitôt, se plaça en face de son maître ; comme lui, il portait une hache resplendissante ; il s'était posé comme quelqu'un qui s'offre à l'examen d'un supérieur et d'un connaisseur à la fois, mais cependant avec la confiance d'un homme sûr de lui-même. Après l'avoir attentivement considéré, le maître lui dit avec un signe de satisfaction :

— C'est bien, Fayry, la tenue est bonne, mais ce n'est rien, mon garçon ; songe à ce qu'il te reste à faire. J'espère que tu dois être content d'avoir quitté Édimbourg pour Londres, et d'avoir changé la peau tannée et coriace de tes lairds écossais pour la fine peau de nos seigneurs d'Angleterre ?

— Je vous remercie, maître Jack, répondit le jeune homme ; vous m'avez tenu plus que vous ne m'aviez promis.

— Et ce n'est pas la coutume dans ton pays, n'est-ce pas ? mais je veux être franc ; assurément quoique je désire t'avancer parce que tu m'es recommandé par lord Muray, je ne t'aurais pas cédé l'exécution d'aujourd'hui à Tyburn, si je n'avais eu affaire à la Tour. Sais-tu, que c'est drôle, le même jour, sur le même billot, le grand-père, le père et le mari d'une reine ; ça ne se rencontre pas comme un pou sur la tête d'un Juif.

— Pardieu ! répondit Fayry, vous avez encore la belle part ; vous avez gardé la reine.

— Bah ! répliqua maître Jack, avec une légère insouciance, un enfant de dix-sept ans qui sera morte avant que je ne la touche. Si ce n'était la vanité du sang royal, je m'en soucierais comme d'un pot de petite bière. Je suis las de femmes ; notre défunt roi Henri m'en a dégoûté.

— Mais dites-moi donc pourquoi on la sépare ainsi de sa famille, et pourquoi son arrêt sera exécuté dans l'intérieur de la Tour ?

— Ils ont peur que sa jeunesse et sa beauté n'intéressent le peuple.

— Pourquoi donc, si elle est coupable, dit Fayry, le peuple s'intéresserait-il à elle ?

— Parce qu'il y en beaucoup qui croient que ses droits valent mieux que ceux de Marie Tudor, notre reine, et qu'il y en a aussi qui pensent que, lors même que ses droits ne seraient pas préférables, elle ne doit pas être punie de l'ambition de son grand-père, qui seul l'a mise en avant et l'a fait proclamer reine à son insu.

— Du diable, si j'y comprends rien, reprit Fayry ; il me semble à moi que, si lady Jane Grey a des droits au trône d'Angleterre, notre reine à nous, la belle Marie Stuart, en a de tout aussi fondés.

— Ce sont absolument les mêmes, répliqua maître Jack, avec cette différence que Marie Stuart, fille d'un roi étranger, est étrangère, tandis que Jane est de pur sang anglais.

— C'est une histoire embrouillée comme l'écheveau d'une fileuse irlandaise, reprit Fayry ; et je ne veux pas me casser la tête pour la comprendre, je chargerai ma hache de l'éclaircir pour moi et pour la reine Marie Tudor.

— Ah! voilà bien parler en rustre écossais, s'écria Jack avec mépris, en brutal qui frappe au hasard sans savoir pourquoi.

— Eh bien! puisque nous avons une heure devant nous, expliquez-moi donc pourquoi lady Jane a été condamnée par le Parlement qui l'avait reconnue.

— Écoute donc, dit maître Jack, et vous aussi, mes drôles, pour vous bien persuader que le sceptre des rois est comme la hache du bourreau, on n'y touche qu'à deux conditions, ou pour en frapper, ou pour en mourir. Lorsque notre saint roi Henri VIII mourut, il laissa trois enfants; notre gracieux souverain Édouard VI, qui est mort il y a six mois et ses deux sœurs, Marie notre reine et la princesse Élisabeth. La première est fille de Catherine d'Aragon et la seconde d'Anne de Boulen, que j'ai eu l'honneur de décapiter de ma propre main. Sans aucun doute, elles auraient dû succéder à leur frère Édouard, Marie d'abord, Élisabeth ensuite; mais il était arrivé que le roi Henri VIII leur père, en faisant casser ses mariages par le Parlement, les avait toutes deux déclarées illégitimes et incapables de lui succéder. Ainsi, vous voyez, le trône manquait d'héritier, après la mort d'Édouard.

— C'est tout simple, dit Fayry ; mais je ne vois pas comment cela donne des droits à lady Jane et à notre reine Marie Stuart?

— C'est pourtant bien simple, reprit maître Jack. Si Henri VIII était mort sans enfants, ou bien si ses enfants étaient morts ou avaient été déclarés illégitimes comme cela est arrivé, à qui serait revenu le trône ?

— Et pardieu ! reprit Fayry, à Marguerite d'Angleterre, la sœur aînée du roi Henri.

— Et ensuite, ajouta Jack, à Marie d'Angleterre sa sœur cadette, n'est-il pas vrai?

— Eh bien ! dit Fayry...

— Eh bien ! dit Jack, qui est-ce qui représente les droits de Marguerite, sœur de Henri VIII ?

— Parbleu ! s'écria Fayry enchanté de cette découverte, c'est notre reine Marie Stuart, sa petite fille, puisque Marguerite épousa Jacques IV, notre roi et en eut Jacques V, qui est le père de notre Marie. C'est donc Marie Stuart qui est la vraie reine d'Angleterre, puisqu'elle descend de la sœur aînée d'Henri VIII.

— Doucement, reprit Jack ; elle a été déclarée étrangère comme fille d'Écossais, tandis que lady Jane, petite-fille de Marie, sœur cadette de Henri VIII, est de pur sang anglais.

— Comment cela se fait-il, répliqua Fayry, la princesse Marie a été mariée à Louis XII, roi de France ?

— Sans doute, continua Jack, mais elle est devenue veuve, est rentrée en Angleterre et y a épousé le duc Suffolk que tu as aujourd'hui dans ta fournée ; de ce mariage naquit une fille qui a épousé lord Henri Grey, qui t'appartient aussi, et de ce nouveau mariage est née lady Jane Grey, qui me revient, et qui est la femme du jeune Dudley, que je te recommande particulièrement.

— A ce compte, reprit Fayry, et si la qualité d'étrangère doit définitivement exclure Marie Stuart du trône d'Angleterre, les droits de lady Jane me semblent incontestables.

— Doucement! doucement! s'écria de nouveau maître Jack. Voici la question : pendant que les partisans de lady Jane la proclamaient reine, la fille aînée de Henri VIII, Marie Tudor, a fait comprendre au Parlement que l'acte qui la déclarait illégitime était une iniquité épouvantable ; on l'a reconnue propre à succéder à son père, et, quarante mille hommes d'armes aidant sa logique, elle a prouvé qu'elle avait raison, et que lady Jane était une coupable usurpatrice.

— Et c'est pour cela qu'on la tue ? dit Fayry.

— Pour cela ; quoique ce soit ce vieux duc qui ait tout fait, jusqu'à la déclaration d'Édouard VI, qui désignait lady Jane pour son héritière.

— N'y en avait-il pas aussi une d'Henri VIII en

faveur de Marie Stuart, dans le cas où son fils Edouard mourrait sans enfants ?

— C'est vrai ; mais qu'elle regarde un peu où pareil titre a mené lady Grey et qu'elle reste dans sa pauvre Ecosse, sinon...

— Bah ! s'écria Fayry, profitez de l'occasion. Vous n'en trouverez pas une pareille ; on ne rencontre pas toujours sur le trône des reines qui prennent plaisir à tuer leurs rivales et leurs parentes.

A ces mots, ils se séparèrent ; trois valets suivirent Fayry à Tyburn, un seul accompagna maître Jack à la Tour.

Le soir vint, Fayry rentra le premier, il était ferme et dégagé, il avait l'air content de lui ; il appela tout haut maître Jack en arrivant, et fut étonné d'apprendre qu'il n'était pas rentré ; il plaisanta sur sa longue absence, disant qu'il était urgent de le remplacer et qu'il devenait lent et paresseux. Pendant ce temps, la table se dressait et le souper fumait dans une immense marmite. Au milieu des propos joyeux de Fayry et des autres valets, la porte s'ouvre et maître Jack se présente ; il était pâle, défait, anéanti, son valet tremblait derrière lui. Dès qu'il eut passé le seuil de la porte, il tira de dessous son manteau sa lourde hache, l'éleva au-dessus de sa tête et la lança de toute sa force prodigieuse sur le mur qui lui faisait face ; la hache y pénétra profondément et le manche brandit longtemps comme tenu par une main convulsive.

— Exécration ! s'écria-t-il ; ce que j'ai fait est infâme !

Le silence remplaça la gaîté ; on s'approcha, on voulut s'informer ; mais il ne répondit pas et se prit à répéter en prenant sa tête dans ses mains :

— Miséricorde du ciel, c'est infâme, infâme, infâme !!!

Puis il prit une cruche de bière, la but d'un seul trait, et dit brutalement :

— Soupons.

On s'assit ; on le considérait avec une curiosité

qui se brisait contre la sombre expression de son visage.

D'abord il mangea goulûment, avec colère, il but de même : puis il s'arrêta, son assiette resta pleine, son verre vide ; il appuya sa tête sur sa main, ses traits s'amollirent peu à peu et Fayry se hasarda à dire:

— Eh bien ! maître, qu'avez-vous?

— Fayry, lui répondit-il d'une voix émue, c'est infâme, te dis-je ! C'est infâme ! Imagines-toi que je suis arrivé dans la prison ; on m'a introduit dans la salle où l'exécution devait avoir lieu, le billot était prêt et trois gardes veillaient à chaque porte.

A peine étions-nous arrivés qu'une femme s'est présentée, c'était la princesse Elisabeth.

— La princesse Elisabeth ! s'écria Fayry.

— Elle-même, que sa sœur Marie Tudor tient enfermée à la Tour depuis la conspiration de Wyatt, quoiqu'on n'ait rien trouvé qui l'accusât.

— Elle venait peut-être considérer le sort qui la menace.

— Je ne sais, reprit maître Jack, mais elle a longtemps mesuré la salle de l'œil ; elle s'est approchée de moi, elle m'a examiné avec attention ; puis elle a frappé du pied sur les dalles de pierre.

— Cette salle est sourde ? m'a-t-elle dit.

— Les cris d'un enfant, lui ai-je répondu, n'y viendraient pas aux oreilles d'une mère.

— Et le sang se lave aisément sur ces dalles, a-t-elle ajouté.

— Quelques pintes d'eau, et il n'y paraît plus.

Elle a souri ; puis, oubliant tout ce qui l'entourait, elle a appuyé sa main sur le billot, et s'est perdue dans ses réflexions. Peu à peu, elles l'ont gagnée à ce point qu'elle parlait tout bas, mais je n'ai pu entendre que cette parole qu'elle a dit en frappant le billot :

— Après tout, c'est peut-être la meilleure base du trône.

Aussitôt elle a ordonné à un soldat de la conduire dans l'appartement de Jane Grey, et elle est sortie. L'entretien a duré longtemps ; car ce n'est qu'une heure après qu'un officier de là Tour est venu nous dire de nous tenir prêts. Presqu'aussitôt lady Jane Grey a paru.

J'avais entendu beaucoup parler de sa beauté; et je ne me serais jamais figuré une si jeune femme, et si noble et si fière. Deux prêtres de l'Eglise romaine l'accompagnaient : l'un d'eux qui, depuis trois jours, lui avait été envoyé par la reine, afin de la préparer à la mort et de la ramener à la foi catholique, n'ayant pu réussir à la persuader par ses trompeuses paroles, lui a adressé un discours formidable pour l'ébranler en présence du supplice. Il lui a montré le billot; ce forcené a pris ma hache, et la lui a passée sous les yeux avec d'atroces menaces de damnation éternelle; il l'a maudite et vouée aux enfers. Tous les assistants frémissaient; elle seule, calme et résignée, n'a pas semblé l'avoir entendu.

— Monsieur, lui a-t-elle dit, je crois que chaque créature pèse, de son seul poids, dans la balance de la justice divine, et que les prières des hommes ni leurs malédictions n'allègent ni n'alourdissent le fardeau de ses fautes. On ne recommande pas une âme à Dieu comme un accusé à ses juges ; on ne le séduit pas et on ne l'achète pas ; c'est ce que Rome ignore ou ne veut pas savoir. Faites-moi donc grâce de ses indulgences et de ses menaces.

Le prêtre s'est retiré en lui criant :

— Meurs donc dans l'impénitence finale et de la damnation éternelle !

Elle a souri et s'est retirée vers un officier ; elle a tiré une lettre de son sein.

— Monsieur, lui a-t-elle dit, voulez-vous remettre cet adieu à ma sœur ?

— Madame, a répondu l'officier, je lui donnerai cette lettre quoi qu'elle puisse contenir, et malgré la défense de la reine Marie de laisser sortir aucun écrit tracé par vous dans cette prison.

— Vous pouvez lire cette lettre, a répondu lady Jane.

L'officier l'a ouverte et a paru d'abord fort embarrassé.

— Y trouvez-vous quelque chose de coupable, a dit lady Grey, et l'adieu d'une sœur à sa sœur vous paraît-il redoutable à l'autorité de votre reine?

— Ce n'est pas cela, a répondu l'officier en balbutiant, je ne saurais dire que cette lettre est coupable, car elle est courte, en caractères que je ne connais pas.

— Oui, a dit tristement lady Grey, c'est un dernier hommage à mon culte, un adieu à mes douces occupations ; oui, j'ai écrit cette lettre dans une langue étrangère, dans une langue éteinte et morte comme je serai bientôt. C'est celle de la belle Grèce, qui célèbre ses jeunes filles couronnées pour être belles ; c'est celle où j'ai appris le sacrifice d'Iphigénie, tuée sur l'autel où s'est élevée l'ambition de son père. Eh bien, monsieur, appelez sir Thomas, évêque de notre église d'Angleterre, enfermé dans cette prison, il vous lira cette lettre.

Un garde alla chercher sir Thomas. Pendant ce temps, lady Jane Grey s'est promenée lentement dans la chambre, puis elle s'est arrêtée tout à coup, comme entrait le lieutenant de la Tour.

— Eh bien! s'est-elle écriée, eh bien! monsieur.

Elle n'a pas été plus loin, car le lieutenant semblait l'avoir comprise. Il lui a répondu :

— Tout est fini, madame.

— Tout, a-t-elle répété ; puis elle a ajouté en le regardant doucement, ils sont morts...

— Comme des héros, a dit le lieutenant.

— Le duc, a dit Jane Grey, avec hauteur et dédain? mon père, calme et résigné? et Dudley?

— Dudley, en souriant et montrant le ciel.

— J'y vais, j'y vais, s'est écriée lady Jane en tombant à genoux, j'y vais, mon Dudley.

— C'est vrai qu'ils sont morts comme trois braves Anglais, dit Fayry d'une voix émue, et puis après ?

— Sir Thomas est arrivé, répondit Jack ; il a pris la lettre et l'a lue tout haut en anglais. Miséricorde du ciel! rien n'est si beau que cette lettre. La pauvre femme, elle plaint sa sœur; c'est elle qui meurt et qui encourage, c'est elle qui meurt et qui pardonne, c'est elle qui meurt et qui prie pour ceux qui la tuent.

C'est que, Fayry, c'était affreux de voir cette jeune femme, au milieu de nous tous, des soldats avec des cuirasses, un prêtre avec ses habits pontificaux, moi, des geôliers, un tas d'hommes durs qui pleuraient, tandis qu'elle était calme et tranquille.

— Et puis? s'écria Fayry.

— Et puis, comme on lui avait refusé une femme pour la suivre, c'est moi qui ai détaché sa coiffe, moi qui ai coupé ses beaux cheveux. Sur mon âme, Fayry, je tremblais comme un enfant; elle m'a parlé avec bonté; j'ai senti que le cœur me manquait, et, lorsqu'elle a été prête, j'ai demandé trois fois ma hache sans savoir qu'elle était près de moi. Elle s'est arrêtée comme pour me donner le temps de me remettre, et s'est dit à elle-même:

— Béni soit Dieu, il vaut mieux mourir que tuer.

Puis elle s'est mise à genoux. J'ai mesuré la place et j'ai frappé, mais comme un lâche, en fermant les yeux, — et la tête...

— Est tombée? dit Fayry.

— Non, dit Jack. J'ai eu peur ; et ce cou d'enfant, souple et faible comme un cou de cygne, n'a pas été tranché par cette hache qui a nettement abattu la tête du fameux Gifford, dit le cou de taureau... Il m'a fallu recommencer. Exécration ! C'est infâme de tuer une si belle créature. Je me suis presque trouvé mal ; et, lorsque nous avons été seuls à laver le sang et à renfermer le billot, la princesse Élisabeth est rentrée ; elle s'est arrêtée sur le seuil, a regardé dans la salle et nous a dit :

— Bien, il n'y paraît plus.

Ecoute, Fayry : si, comme on le dit, la reine Marie Tudor est malade et menacée de mort, et que sa sœur Elisabeth fasse, à son tour, casser la déclaration de son illégitimité et lui succède au trône, il y aura du sang versé sur ce même billot et dans cette même chambre, du sang royal, s'il le faut, le sang d'une femme, peut-être ; mais, je te le jure, je m'abattrai plutôt la main que de recommencer un si terrible devoir.

— Vous me céderez donc la place? dit Fayry.

— Oui, s'écria Jack, et puisses-tu ne pas déshonorer ton état comme je l'ai fait aujourd'hui.

Vingt ans plus tard, quand Élisabeth fit exécuter Marie Stuart, Fayry, le bourreau, fut obligé aussi de s'y reprendre à deux fois.

LA LANTERNE MAGIQUE

Nous étions au mois de février 1822, j'habitais la province, et je passais la soirée avec mon père chez un négociant de notre petite ville, ancien lieutenant de hussards. Nous étions une douzaine d'amis, un vieux colonel de la garde, un chef de bataillon que nous appelions le commandant, un ex-payeur de l'armée et deux ou trois jeunes gens de notre société intime. Il y avait cinq à six femmes, parmi lesquelles madame Bénard, maîtresse de la maison, petite Parisienne très-moqueuse et très-royaliste, mais bonne au fond, et à laquelle on passait sans lui en vouloir les épithètes de brigand et de monstre qu'elle donnait à tout propos à Napoléon, car elle avait perdu son père et ses deux frères dans les guerres de l'empire.

Sa mère demeurait avec elle. C'était une belle et digne femme, qui pleurait quelquefois au souvenir de ceux qu'elle avait aussi perdus, mais qui ne mêlait jamais une parole de malédiction à ses larmes.

Une orpheline élevée à Saint-Denis, appelée Eugénie, demoiselle de compagnie dans la maison, et quelques jeunes personnes complétaient la société.

C'était une soirée de carnaval, et l'on n'avait pas envoyé coucher les enfants. Nous avions ri, chanté, dansé, fait des crêpes, bu du punch; on racontait des histoires folles; on en riait encore plus follement; la gaîté était à son plus beau degré de tapage et de désordre, lorsqu'à travers le bruit du vent qui faisait crier la lourde girouette de la maison, à travers les flots de pluie qui fouettaient les vitres, un cri se fait entendre dans la rue :

— *Voilà la lanterne magique!*

— Ah ! entendez-vous ? dit un des enfants, c'est la lanterne magique ; papa, voyons la lanterne magique.

Le plaisir et la gaîté rendent enfants : nous nous écriâmes tout d'une voix, vieux et jeunes, hommes et femmes :

— La lanterne magique ! la lanterne magique !

On expédia Pierre Flamand, vieux hussard, cocher de la maison, à a poursuite des Auvergnats, et nous nous apprêtâmes à voir *monsieur le soleil et madame la lune*.

Un moment après on introduisit dans le salon deux hommes avec leur immense boîte. Je vivrais cent ans, que je n'oublierais jamais la figure de ces deux hommes.

Le plus âgé était un grand gaillard vigoureusement taillé. Il avait un nez crochu, un petit œil malin dominé par un front chauve, élevé et traversé par une large cicatrice : il portait des moustaches et se tenait droit et roide comme un piquet.

Le second était un homme de trente-six ans, maigre, pâle, les yeux grands et bleus, le regard triste, l'air embarrassé et souffrant.

Pendant que celui-ci arrangeait la bougie pour éclairer sa lanterne, et qu'on disposait un drap blanc au fond du salon, le premier de ces deux hommes nous considérait tous attentivement; il nous écoutait parler. Il regardait les petits rubans rouges de nos anciens militaires, et souriait en les entendant s'appeler colonel, commandant, lieutenant. Tout aussitôt il fait un signe à Pierre Flamand, qui disposait des chaises pour le spectacle, et ils sortent ensemble. Un moment après, Pierre Flamand vient chercher son maître, qui sort de même, et un moment encore après, ils rentrent tous trois ensemble. M. Bénard, le maître de la maison, s'approche de celui qui arrangeait la lanterne magique et lui parle tout bas.

Celui-ci le regarda comme s'il avait voulu lire jusqu'au fond de son âme et ne répondit rien. Le nez crochu dit alors, d'un ton de prière et d'encouragement :

— C'est des bons, allons, c'est convenu.

Son camarade rougit et détourna les yeux, remit dans leur boîte les verres peints qu'il en avait tirés et en chercha d'autres. Nous ne savions ce que voulait dire tout ce petit manége ; mais nous n'avions garde d'être curieux, et nous nous ménagions à nous-mêmes la surprise qu'on nous préparait. Enfin chacun prit place ; on laissa les domestiques, Pierre Flamand en tête, se grouper à la porte du salon, on éteignit toutes les lumières, et nous vîmes sur le fond blanc du salon, trois portraits : Napoléon, général ; Napoléon, consul ; Napoléon, empereur.

Il y eut un moment de surprise. Madame Bénard s'écria :

— Qu'est-ce que cela ? avec un peu d'humeur.

— Une histoire que tu ne sais pas, lui dit fermement et doucement son mari.

Nous entendîmes un petit ricanement de madame Bénard, et elle répondit assez aigrement :

— Allons, puisque cela vous amuse.

— Voilà, voilà, voilà, s'écria le nez crochu d'une voix haute et cadencée, c'est Napoléon Bonaparte, général en chef de l'armée d'Italie, premier consul et empereur. Vous le voyez d'abord, avec son chapeau à plumes tricolores, ses oreilles de chien et ses bottes à retroussis. Il est maigre comme un rat d'église, et il doit ses bottes à son cordonnier.

Le voilà devenu premier consul, il a déjà son petit chapeau, les cheveux à la Titus, porte des bas de soie et des souliers à boucles; il a fait fortune.

Celui-ci c'est l'empereur, il est gros et gras, et s'est arrondi comme la France. Le voilà avec sa redingote grise, ses bottes à l'écuyère et sa lorgnette à la main. C'est son costume de route, de bivouac et de bataille. Il réfléchit et prend du tabac dans ses poches ; il prépare une rincée aux ennemis.... Changez.

A cette époque, la figure de l'empereur était encore une image proscrite qu'on se montrait secrètement. Ceux qui possédaient son portrait étaient de hardis patriotes. Ceux qui l'accrochaient dans leur salon passaient pour imprudents. Un silence étonné succéda à cette première apparition. Le nez crochu continua sans y prendre garde.

— Ceci n'est rien, messieurs, mesdames, un portrait, une figure avec un habit. Tout le monde en a, plus ou moins ; ce qu'il faut voir, c'est de voir agir et parler le petit caporal. Attention, ça va commencer.

Vous voyez Toulon. Des traîtres, des contre-révolutionnaires avaient livré la ville aux Anglais. La Convention nationale, un fameux régiment de requins qui avaient cruellement embêté les aristocrates, la Convention nationale dit à trois de ses farceurs : « Va-t'en me reprendre Toulon ! » Je prierai la société de remarquer que tout le monde se tutoyait à cette époque. Ce qui explique pourquoi la

Convention en parlant à trois personnes dit : Va-t'en me reprendre Toulon.

Le scrupule grammatical du nez crochu nous fit rire ; mais il reprit imperturbablement :

— Les trois nommés étaient les citoyens Albert, Salicetti et Barras. Ils partirent sur-le-champ pour obéir, attendu qu'ils devaient être guillotinés s'ils ne réussissaient pas. Ils prirent d'abord avec eux le général Cartaux, puis Dugommier. Mais bernique ! l'Anglais ne lâchait rien, et ricanait à la barbe de leurs canons : la Convention s'impatientait. Ça mit la peur et le feu au ventre des trois citoyens et ils se dirent entre eux : — Comment faire ? — Tiens, dit Salicetti, il y a un petit maigre qui rôde toujours en avant des autres, il a l'air de se douter comment la chose est possible. Demandons-le-lui. Ils firent venir le petit maigre et lui dirent : — Fais-nous prendre Toulon.

— C'est facile, qu'il leur dit ; mais Toulon n'est pas devant vous, Toulon n'est pas où vous jetez vos boulets et vos obus. Toulon est là. Et il leur montra du doigt un fort appelé le petit Gibraltar, collé au flanc d'un rocher. Les représentants lui rirent au nez. Dugommier, plus malin, lui dit en fronçant le sourcil : — Tu crois? — J'y engage ma tête, répondit-il. C'était la manière d'alors. Qui fut dit fut fait. Le lendemain, il était logé dans le petit fort et abîmait Toulon qui était dessous lui, le grêlant de boulets à bouche que veux-tu. Là-dessus, les Anglais filèrent au plus vite et nous entrâmes dans la ville en chantant : *Ah ça ira, ça ira, les aristocrates à...* Et je vous réponds qu'ils y allèrent.

— Ça c'est vrai! dit Pierre Flamand à la porte du salon, en laissant échapper un gros rire de triomphe.

Nous gardâmes tous le silence : nous étions vivement intéressés. Nous entendîmes le camarade du nez crochu lui recommander de la circonspection. Celui-ci reprit bientôt :

— Voilà qui va bien, le petit caporal a fait goûter de sa soupe aux citoyens de la Convention; d'où vient qu'ils n'en veulent plus d'autre. Un jour que les farauds des sections viennent pour lui faire danser un bal où ils n'étaient pas invités, on charge le petit de les régaler. Bon, il prépare encore sa soupe, et il la leur sert si chaude sur les marches de Saint-Roch que les malins s'y brûlent la langue et s'en vont en miaulant comme des chats échaudés. La Convention est contente, et dit à Bonaparte : — Tu t'es bien conduit, je te donne l'armée d'Italie. — Fameux, qu'il se dit. — Attention, messieurs, mesdames, vous allez voir ce que vous allez voir.

Voilà l'armée d'Italie ; le cadeau n'est pas supérieur. Un tas de blancs-becs que nous étions, avec des pantalons où il ne restait pas de quoi faire une culotte courte, des souliers dont nous avions mis les semelles sur le gril pour faire des rôties et souper avec. Jamais de pain le dimanche ni les autres jours. Des canons dépareillés et des mortiers où nous n'avions rien à mettre, pas même une livre de cheval pour y faire la soupe. — Tu es gentil, que nous dîmes, en voyant arriver le petit maigre que personne ne connaissait. — Qu'est-ce que ce gringalet? se reprirent Augereau et Masséna, des vieux durs à cuire que ça embêtait, plus souvent que je vas lui obéir. — Suffit. — Voilà qu'on l'agonise de criailleries. — N'y a rien, ni vivres, ni munitions, ni habits, ni armes. — Soldats, qu'il répond à tout le monde, aux généraux tout de même qu'aux fantassins; soldats, vous n'avez ni habits, ni pain, ni rien, il y en a devant vous, venez les chercher. — Par où? qu'on lui répond. — Par la victoire, qu'il dit.

Ça nous enflamme les entrailles. Il a raison, se dit-on avec rage. En avant, en avant, v'là la charge qui bat. Ça dura quatre jours: en avant à Montenotte, en avant à Millesimo, en avant à Dego, en avant à Mondovi. — C'est très-bien, dit le général, vous êtes de vieux soldats; vous avez marché sans souliers, vous vous êtes battus sans canons, vous avez passé des rivières sans pont, c'est parfait; mais c'est pas tout, il faut en finir. — C'est très-bien, que répond l'armée, et v'là que ça recommence. On allait comme des chevaux échappés, on tapait à droite, on tapait à gauche ; à Lodi, à Castiglione, à Bassano, bien, très-bien ! Tout à coup, un tas d'impériaux, des Autrichiens de rien, se rassemblent à Arcole. Encore très-bien. Nous y filons. Attention, voici le moment.

Un gueusard de pont nous séparait des ennemis, un bouquet de canons qui crachaient une pluie de mitraille nous arrêtait. — Ce n'était plus l'habitude. — Voltigeurs, emportez-moi ça, que dit le général en chef. — Ils y vont. — Le canon crache. Balayés à l'unanimité. — D'autres ! dit-il encore. — Vlan, vlan, vlan, au pas de charge ; ils avancent jusqu'au milieu. — Brrraoun.... les canons toussent. Plus de voltigeurs ! —Les grenadiers en avant ! crie le petit caporal. Les genadiers arrivent : ça va bien, immobiles, l'arme basse, superbes ! C'est un mur qui charge. Encore un tonnerre de canon, et pas plus de grenadiers que de voltigeurs. — D'autres ! répète encore le damné caporal : mais à cette fois, plus rien. On fait semblant de ne pas entendre. Alors il saute de cheval, il empoigne notre drapeau, il passe devant nous et nous le montre, il nous le met sous le nez, il nous le fait sentir comme qui flaire une piste ; et il l'emporte en avant : nous le suivons, c'est le devoir : il l'emporte vers le pont, nous allons vers le pont : c'était la mort, c'était tout de même : il était tout seul en avant. L'ennemi le voit, on le pointe, on met le feu ! Le canon eut peur : rien de touché ! Et le pont est à nous, la batterie est à nous ! l'armée autrichienne est à nous.

A ce moment et dans l'obscurité où nous ne pouvions suivre le mouvement des physionomies, nous entendîmes la respiration haletante de quelques voisins. C'étaient le vieux colonel et le commandant, dont le cœur battait la charge dans leur poitrine, vieux débris d'Arcole, rajeunis à cet instant, brisés par la chute de l'empire et se redressant à la voix d'un mendiant. Nous tous, la petite madame Bénard elle-même, respectâmes cette émotion. Le tableau disparut : l'homme reprit : — Mais enfin, après l'orage on voit venir le beau temps, comme dit Pierrot dans la belle pièce du *Tableau parlant*, ousque M. Elleviou était si drôle. Après le pont d'Arcole, on rebrosse un reste d'Autrichiens qui se crottaient en Italie, on fait la paix, et voilà. Mais la paix, c'est pas l'affaire du soldat. Il ne restait rien à grignoter en Italie ; le général en chef, qui aimait les belles peintures et les fameuses statues, en avait expédié plein des charrettes au muséum de Paris. Mais c'était des petits bouts d'hommes et de femmes, et voilà qu'il pense à aller en chercher dans un pays où il y a des statues qui ont le nez gros comme une tour de Notre-Dame, et des montagnes comme les Alpes, bâties en maçonnerie parfaite. Or, on assemble une belle armée à Toulon sans lui dire pourquoi, on l'embarque sur un tas de navires et nous sommes lancés en pleine mer. Nous filons, et voilà qu'un matin un hibou de matelot perché sur un mât crie : Terre !

Nous étions dans l'entrepont où nous faisions une partie de drogue. — Faut voir ça, faut voir ça! Et nous courons tous en haut. Nous nous attendions à trouver des magnifiques campagnes avec de superbes orangers, d'excellents pommiers et du raisin en tout temps. Quel déchet! une nappe de sables à perte de vue, une douzaine d'arbres plantés là comme des parasols, et au fond une sorte de ville avec un tas de clochers pointus comme des baïonnettes, que ça avait l'air d'un jeu de quilles. La mer était sens dessus dessous. C'est égal, on aborde et nous balayons un tas de chenapans déguenillés qui ne voulaient pas. Des vrais mulâtres avec des chevaux comme des rats, et des fusils si longs qu'à quinze pas ça vous tire à bout portant. Vous êtes en Egypte, qu'on nous dit. Moi qu'avais appris mon catéchisme, — Tiens, c'est drôle que je pense. J'ai été à Rome ousque le pape est curé, je serai pas fâché de voir la ville où Notre Seigneur Jésus-Christ est venu au monde. Nous avions eu quelques camarades de descendus. Le général ordonne qu'on les enterre au pied d'un fameux monument bâti il y a deux mille ans en faveur d'un général en chef, mort dans le pays, le général Pompée, un Romain soigné. — Vous voyez le monument tel qu'il existe. On y inscrit les noms des braves morts les premiers sur les terres d'Egypte.

Ça fit d'abord un fier effet : mais il y en a qui dirent qu'il y avait eu de la protection et qu'on avait exposé les uns de préférence aux autres pour leur accorder cet avantage d'être mis au rang du fameux Pompée. N'importe, on avance. On laisse Alexandrie avec le général Kléber, qui avait été blessé à l'attaque, et on s'enfonce dans les terres. Quand je dis les terres, c'est une manière européenne de s'exprimer, on s'enfonce dans le sable. Voilà, messieurs, mesdames, ce qu'il n'est pas possible de vous figurer. Sous les pieds, un terrain d'enfer où l'on aurait fait cuire pour rien des œufs sur le plat, sur notre tête un soleil d'enragé qui nous rôtissait sur toutes les coutures. On se serait mis au frais sous un four de campagne. On laisse passer la première journée sans trop rien dire, mais voilà le lendemain que ça recommence, voilà que ça recommence tous les jours, et toujours du sable, en avant, en arrière, à droite, à gauche. Une poussière comme une vapeur qui brûlait les yeux et séchait la langue en parchemin. Pas un verre de vin, pas une goutte d'eau pour se rafraîchir le gosier, pas un ennemi pour se passer son humeur à le tuer. Rien, tout ça fuyait à mesure que nous marchions. Quand je dis tout ça, j'y mets de l'intention; pour vous faire comprendre comment toute la journée nous voyions devant nous un lac superbe où nous n'arrivions jamais. Les savants de la chose nous expliquèrent que c'était une habitude du pays par rapport aux étrangers, une sorte de trompe-l'œil naturellement égyptien, et que ça s'appelait le mirage. Merci : mais c'était peu rafraîchissant. L'armée s'embêtait du pays, lorsqu'enfin, à force de trimer, nous arrivons sur le Nil. Ce fut notre première victoire, la seconde fut de voir l'ennemi, la troisième de l'éreinter au superlatif. D'abord nous bûmes de l'eau comme des ivrognes, puis, nous regardâmes venir l'ennemi. C'est pas pour dire, mais c'était gentil; des soldats magnifiques comme des tambours-majors à cheval, des rouges, des bleus, des jaunes avec des fusils brodés d'argent, des vestes damasquinées, des chapeaux en pou-de-soie et d'or. Tout près, les montagnes des pyramides, où il y avait de quoi écrire le contrôle en détail de l'armée pour ceux qui étaient jaloux de la colonne du fameux Pompée. On nous forme en carré et le général en chef nous crie à tous : « Du haut de ces pyramides, quarante siècles vous contemplent : » ça voulait dire qu'il fallait y mettre de l'amour-propre. A ce moment, voilà les Mamelucks qui se lancent sur nous comme des boulets : nous faisons notre décharge et nous croisons les baïonnettes ; ils viennent comme des sauterelles, ils pleuvent contre nos carrés comme de la grêle poussée par le vent ;

on eût dit des mouches à miel acharnées après un hérisson ; ils se piquaient sur les baïonnettes, ils se roulaient par terre et nous poignardaient les mollets. Quand leurs chevaux reculaient en face, ils les faisaient avancer à reculons et les renversaient sur nous. Je ne suis pas pour médire des vaincus, mais c'étaient des hommes capables d'être braves s'ils avaient su tenir un peu l'alignement. Finalement, après s'être fait larder le plus possible, ils lâchèrent pied et nous en fîmes un horrible dégât pour nous revenger un peu de la route. Après quoi les bagages furent à nous. Ce fut une fière ripaille, nous avions tous des châles de cachemire comme des duchesses, de l'or plein les poches, des colliers en perles fines et des pompons en diamants. Nous entrâmes ainsi au Caire. C'est là où il y avait des sérails, où on élève des escouades de femmes qui se baignent dans des cuves de marbre avec des eaux et des pommades au jasmin et à l'œillet : c'est là !...

— Georges ! dit doucement une voix grave ; c'était

le compagnon du nez crochu qui l'avertissait de supprimer les souvenirs du sérail.

— Bien, bien, reprit le démonstrateur, ce n'était que pour en goûter. Ça ne dura pas longtemps : nous apprîmes que l'Anglais avait coupé le retour et que Nelson avait fait une horrible fricassée de nos vaisseaux. Or, ne pouvant pas aller en arrière, nous marchâmes en avant. On passe Gaza et l'on arrive à Jaffa. L'ennemi nous y attendait. Il se défendit jusqu'au dernier et mourut de même. Ici les choses devinrent cruelles pour quelques-uns. La peste semêla de la guerre, après la soif et la famine. Le soldat français connaît la mort, ça ne lui fait pas peur. Pourvu qu'on le tue il est content ; mais il hait qu'on le laisse mourir. Ceci, messieurs, est un triste tableau.

— Il y en avait qui devenaient noirs comme des grives et dont la peau se crevait de partout. Ceux-là hurlaient en seroulant sur la terre qui brûlait, d'autres tombaient comme un bœuf qu'on assomme et allaient râler dans un coin ; j'en ai vu qui se coupaient la gorge avec leur sabre pour se désaltérer de leur sang.

Alors on épouvanta tout le monde ; les malades ne veulent plus guérir ; et l'armée se recule quand un camarade vient lui tendre la main. Chacun regarde son compte comme additionné et se laisse aller à mourir. Le général en chef apprend ça : il arrive à l'hôpital, et passe dans les rangs qui étaient par terre : fallait voir comme les autres qui l'accompagnaient se rangeaient des matelas ; on eût dit des Parisiens qui ont peur de la crotte. Le général au contraire s'approchait des plus entamés, il parlait à tout le monde. Il y avait un pauvre soldat dans un coin qui ne disait mot et qui le regardait faire. — Qu'as-tu ? qu'il lui dit. — Je meurs, répond le soldat. — Tu t'imagines ça, dit le général, on en réchappe quand on veut. — Possible ! dit le soldat, quand on n'y est pas pris ; mais, une fois touché, c'est comme la gale, faut que ça vienne ; avec l'agrément de plus que ça tue ; tenez, allez-vous-en, l'air n'est bon pour personne ici. — L'air de mes soldats est bon pour moi, dit Bonaparte. Tu es un enfant. — J'avais trente-deux ans. — Tu as eu peur. — J'avais été à Arcole. — Donne-moi ta main et lève-toi. — Je ne veux pas, que je dis. — Lève-toi, qu'il reprend. — Je ne peux pas, que je réponds aussi en me renfonçant dans ma couverture. — Eh bien, je vais t'aider.

Là-dessus, il me prend sous le bras, il me met sur mon séant, et voit que j'avais une fente à la poitrine ; il y touche, il la presse, et comme je voulais l'arrêter : — Bon, dit-il, je te compterai ça pour une blessure quand tu seras guéri. Il y avait trois jours que j'étais couché, sans avoir pu remuer un bras ni une jambe : je me mis à genoux, et je lui dis alors : — Vous serez mon général jusqu'à la mort. Ah ! sacredieu ! c'était la mienne que j'entendais, et non pas la sienne. C'était pas pour vivre et venir raconter un jour...

— Georges ! reprit la même voix avec un triste accent.

Le nez crochu se moucha et s'écria en toussant :

— Vous avez raison, au diable l'Egypte. Revenons en France, c'est plus gai et moins monotone. Toujours la même chose en petit, si ce n'est à Aboukir, où la débâcle des turbans fut sans ressource.

Nous n'en pouvions plus douter, c'était un vieux soldat qui racontait son existence à côté de celle de Napoléon. Alors l'intérêt de sa vie se trouva pour ainsi dire mêlé à cette grande histoire. C'était l'armée parlant de son général. Cependant ce n'était pas celui qui racontait qui nous occupait le plus. Son camarade, dont la voix l'avait interrompu deux fois, nous semblait devoir aussi porter en lui une part de cette grande époque. Nous nous communiquions tout bas nos suppositions, lorsque nous vîmes un nouveau tableau.

— C'est le passage du mont Saint-Bernard, dit le soldat. Napoléon, après avoir laissé son armée d'Égypte à Kléber, un beau bel homme que vous pourrez voir ici, Napoléon est revenu à Paris, porté en triomphe depuis Fréjus jusqu'à la capitale. Il a trouvé que ça allait mal. Il met les avocats à la porte, et, du moment qu'on ne parle plus, on commence à s'entendre. Dans quelques mois, la Vendée se tait et les émigrés reviennent, l'école polytechnique s'établit.

Un soupir s'échappe de la poitrine du soldat silencieux à ce mot d'école polytechnique. Nous avions tous l'esprit tendu pour deviner l'histoire de ces deux hommes dans leurs moindres signes. Il nous sembla que ce soupir renfermait un souvenir, un regret. Le soldat qui nous parlait nous confirma dans cette pensée en reprenant avec affectation :

— Oui, la superbe école polytechnique, où il y avait des enfants braves comme des soldats, savants comme des généraux. C'était une belle école. Mais voilà que pendant que Napoléon fait du bien à la France, l'Anglais recommence ses tours, et que l'Autriche et la Bavière s'élancent en avant pour son compte. Ils nous croyaient fatigués, et disaient que nous avions oublié le chemin de l'Italie. — Le premier, c'est possible, pense Napoléon ; mais le proverbe est là qui dit que tout chemin mène à Rome, et il nous en fait prendre un où on ne peut pas dire qu'il n'y eût pas de pierre. En Egypte, c'était tout plaines ; ici c'était tout montagnes : n'importe, le mot de marche des Français est : En avant, toujours en avant ; et avec ça, plaines ou montagnes sont bientôt derrière les talons. Je ne sais comment ça se faisait, mais il avait toujours de vieilles histoires en poche pour nous piquer d'amour-propre. On nous raconte comme quoi un nommé Annibal a passé par là avec des éléphants ; ça serait honteux de ne pas monter avec des canons, et on se met à l'œuvre. Les cavaliers à pied, les canons dans des arbres creux, les roues sur les épaules, les caissons sur des brancards, les soldats attelés aux pièces, tout grimpe, tout monte, tout arrive. La montagne est escaladée d'assaut, l'armée est sur la cime et l'Italie à ses pieds.

— C'est là qu'eut lieu Montebello, ce combat qui devint un duché. C'est là qu'eut lieu Marengo, cette belle bataille qui eût été le duché de Desaix, si ce brave jeune homme n'était pas mort en Italie à la même heure que Kléber était assassiné en Egypte. Napoléon revient à Paris. Il s'y trouve des gredins qui n'auraient pas osé le regarder en face, et qui veulent le faire sauter comme un vieux pan de mur. Mais la poudre connaissait Napoléon ; elle le respectait : c'était son maître. La machine resta pour lui, et ne tua qu'une cinquantaine de pékins. Vous voyez comme la chose était faite.

— Les Anglais, vexés en tous points, font la paix à Amiens, mais en sournois et pour mieux préparer leur jeu. Ce fut l'année de la paix ; il n'y eut pas grand'chose pour le soldat.

— Il y eut la création de la Légion-d'Honneur, dit le colonel, qui malgré lui se laissait aller à l'entraînement de ce récit.

— Bon, dit le soldat, il paraît que vous êtes un

ancien de la création ; moi qui ne suis que de 1805, je l'avais oublié. Je suis d'Austerlitz.

— D'Austerlitz ! dit une voix de femme profondément émue : c'était celle de madame Bénard.

— Ne vous inquiétez pas, ma petite dame, nous y arrivons, c'est du soigné. Or je reprends. L'empereur,... ça m'a fait négliger de vous dire qu'il s'était gradé empereur, roi d'Italie, et un tas d'autres choses encore. Or l'empereur était à Boulogne à tenir les Anglais le bec dans l'eau, lorsqu'il apprend que les autres, les autres empereurs s'entend, celui de Russie et celui d'Autriche, vont lui déclarer la guerre. Deux contre un, il n'y avait pas de quoi l'épouffer. Il nous ramène au galop de la côte de Normandie à la frontière allemande, et la danse commence le 8 octobre. Il y en eut des rigodons de danses à Wertinghen, à Guntzbourg, à Elchingen. Oudinot et Ney marquent la mesure. En quinze jours, il n'y a plus d'Autrichiens. L'empereur marche à Vienne, et le 13 novembre nous bivouaquons au Prater. Le 1ᵉʳ décembre, l'empereur se lève de bonne heure, et il nous dit dans un ordre du jour : Soldats ! il faut finir cette campagne par un coup de tonnerre, et il nous menace de s'exposer si nous marchons mollement à l'ennemi. C'est bientôt dit, caporal, mais nous verrons.

Le soir, comme il se faisait tard, et que nous le croyions tout endormi dans une méchante cabane en paille que nous lui avions faite, voilà que nous apercevons une redingote qui passait et repassait à l'entour de nous. C'est l'empereur, dit un vieux qui le connaissait rien qu'à voir la corne de son chapeau au coin d'un mur. C'est l'empereur, répéta-t-on entre soi : ça se chuchote de proche en proche, et en moins de rien toute la division se doutait de la chose. — Faut l'éclairer, dit le vieux, de peur qu'il n'attrape une entorse pour demain. — C'est juste. Aussitôt il prend la paille de son matelas d'occasion, la tortille en bouchon, l'allume et la plante sur sa baïonnette. L'empereur passe ; il lui présente les armes ; ça nous paraît drôle : en voilà dix qui en font autant, puis cent, puis dix mille, puis cent mille qui se lèvent avec des bouchons de paille enflammés au bout de leur fusil. Jamais on n'a vu une aussi belle assemblée de chandeliers. Il faisait jour comme en plein midi. Nous criions vive l'empereur ! que ça faisait trembler les arbres comme un vent d'automne. Oh ! c'était beau de le voir heureux ce jour-là. — Tu auras un bouquet soigné pour ta fête, que nous lui disions avec enthousiasme. Il y avait juste un an qu'il était empereur. Je t'apporterai un drapeau, disait l'un ; je t'amènerai un canon, criait l'autre ; nous mourrons tous pour notre empereur ; oui, nous mourrons !

Et comme quelques sanglots se firent entendre, sanglots dont nous savions seuls la cause, le soldat s'arrêta et reprit :

— Pardon, excuse, mais c'était notre pensée. L'empereur pleurait aussi, mais de joie. Enfin le jour se leva, ça ne fut pas long, l'attaque commença par la victoire ; les ennemis n'y virent que du feu ; à un seul endroit le 4ᵉ de la division de Vandamme fut culbuté par la garde impérial russe. Mille ans je vivrais, mille ans je me souviendrais du moment où l'empereur dit au maréchal Bessières :, — Bessières, va là avec tes invincibles : nous partîmes, le général Rapp en tête, et nous nous trouvâmes face à face avec la garde russe, la garde impériale contre garde impériale : ça ne dura qu'une minute, mais ça fut beau ; officiers, soldats, drapeaux, canons, nous les effaçames tous du sol qu'il n'y parut plus. C'est là où le prince Repnin fut enlevé par le général Rapp. *Vous voyez l'instant où il paraît devant l'empereur.* Pendant ce temps les Russes acculés sur un tas de glace s'enfuyaient bon train. — Faut-il les mitrailler ? dit Berthier. — Faut les anéantir, répond l'empereur ! Et tout aussitôt on pointe vingt canons sur la glace, on la fend, on la brise, et trente mille hommes s'en vont, flottant comme sur des radeaux, faisant naufrage sur des glaçons qui s'enfoncent chargés de soldats, et qui reviennent à fleur d'eau, unis comme des miroirs. Les malheureux s'accrochaient aux bords jusqu'à ce qu'un autre glaçon vînt les heurter et leur couper les bras. C'étaient des hurlements atroces qui s'entendaient à travers le canon.

— Assez, assez, cria alors une voix épouvantée.
— Horreur et malédiction, c'est là que mon père est mort, entraîné à la poursuite des ennemis.

C'était madame Bénard qui criait ainsi en sanglotant cruellement.

— Assez, disait-elle avec désespoir, c'est infâme.
— Continuez, dit une autre voix de femme, ferme et grave, continuez : c'était la mère de madame Bénard, cette femme forte que nous respections comme une sainte.

Le vieux soldat, tout confus et baissant la voix, reprit lentement :

— Le lendemain l'empereur adopta les enfants des braves morts pour la patrie et décréta une pension à toutes les veuves de l'armée.

— Et vous en avez vécu toute votre vie, ma fille, dit la mère de madame Bénard, et moi je n'ai eu que le pain que l'empereur m'a laissé pour faire de vous une femme digne du nom de votre père.

— Et moi, dit la voix de la jeune fille de Saint-Denis, je serais une mendiante, s'il ne m'avait élevée et nourrie comme la fille d'un brave officier.

Le silence le plus absolu régna après cette triste interruption ; M. Bénard reprit alors :

— Allons, camarade, ce n'est pas fini.

— Non certes, répondit le soldat, il y en a encore de toutes façons. Il y a encore la campagne de Prusse et la bataille d'Iéna, la prise de Berlin et la conversation des deux empereurs avec ce cornichon de roi de Prusse sur le Niémen, puis la paix de Tilsitt. Vient ensuite la guerre d'Espagne, la prise de Madrid, celle de Saragosse emportée rue à rue, maison à maison, chambre à chambre par quarante mille Français contre quatre-vingt mille Espagnols. Nous avons encore une guerre d'Autriche et une reprise de

Vienne, et la fameuse bataille de Wagram où le duc de Raguse et Clauzel arrivèrent de deux cents lieues avec vingt mille hommes, et en se battant contre quarante mille, et ça juste à l'heure et à la minute dite par l'empereur, comme un voisin invité pour manger la soupe, sans aller ni plus vite, ni plus doucement, et faisant route comme un courrier de la malle dont les relais sont marqués. Mais tout ça se ressemble, toujours des ennemis qui veulent s'y frotter et qui le sont régulièrement. Ça pourrait ennuyer la société, nous allons passer à un autre genre. C'était en 1810, l'empereur se sentait désolé de n'avoir pas un enfant pour lui laisser ce fameux empire qu'il avait établi. Ça se comprend, d'avoir besoin au cœur de donner ce qu'on a gagné. Pour ça, il lui fallut quitter sa femme, la bonne impératrice, et il fit venir, pour l'épouser, Marie-Louise, la fille de l'empereur d'Autriche. Ce fut une magnifique cérémonie. Il y a de quoi en admirer la représentation que vous allez voir au parfait. C'était dans la grande salle du louvre, où l'on avait construit une église d'occasion.

— C'est l'empereur et l'impératrice qui sont à genoux. Le curé qui les bénit, c'est le cardinal Maury, archevêque de Paris, un célèbre abbé qui prenait des pistolets en guise de burette pour dire la messe à son aise à la Convention. Derrière l'empereur, vous voyez d'abord son frère, Louis roi de Hollande, qui faisait le dégoûté de son royaume. Cet autre qui a l'air tout jeune, c'est Jérôme, roi de Westphalie, encore un frère de l'empereur, encore un roi. Plus loin le prince Borghèse..... fameux cornichon, beau-frère de sa majesté. Celui-ci qui est si magnifiquement pomponné, c'est Joachim Murat, roi de Naples, un terrible soldat, encore un beau-frère. Le dernier c'est le prince Eugène, vice-roi d'Italie, le fils de l'impératrice Joséphine. Vous voyez comme quoi l'empereur plaçait agréablement sa famille. Pour le moment, le roi Joseph se débarbouillait en Espagne, du mieux qu'il lui était possible. Derrière l'impératrice, vous voyez la femme de Joseph, la princesse Julie, reine d'Espagne; à côté d'elle, la reine Hortense, une favorite de sa majesté; la reine de Westphalie; la vice-reine d'Italie; la princesse Élisa, grande-duchesse de Toscane; la princesse Pauline, belle au suprême degré; deux sœurs de l'empereur; la princesse Caroline, reine de Naples : en tout, quatre rois et cinq reines. Voilà le soigné, le reste n'est plus qu'un tas de maréchaux, de princes, de ministres, l'architrésorier, tous les archiquoi de l'empire; des princesses de tous grades; des duchesses à la douzaine, des généraux à en revendre. Tout ça vêtu de velours de soie avec des habits brodés sur toutes les coutures, des plumets, des crachats en diamants; sans compter le sénat, qui faisait queue en arrière; et un régiment de chambellans rouges comme des suisses, avec des clefs d'or au derrière; enfin, une cérémonie où on a calculé qu'il y avait pour onze millions d'habits brodés. Un an après, c'était pas si magnifique, mais c'était bien plus beau. Imaginez-vous le jardin des Tuileries rempli de plus de deux cent mille personnes qui marchaient doucement comme dans la chambre d'un malade, qui parlaient bas comme de peur de l'éveiller, un petit ruban de rien servait de garde autour du château, et empêchait le bruit d'approcher. La princesse Marie-Louise allait accoucher ; ça sera-t-il un garçon, ou une fille ? voilà la question, comme si chacun eût attendu son premier enfant. On s'amassait petit à petit. on savait que le canon devait annoncer la naissance, cent pour un garçon, vingt pour une fille. C'était comme un bourdonnement tout à l'entour des Tuileries. Voilà tout à coup le canon qui part, ce fut un miracle ; Paris se tut, les voitures s'arrêtèrent dans les rues, les piétons se tinrent immobiles ; dans la maison, chacun resta à sa place à l'endroit où il se trouvait ; dans les Tuileries, rien que la respiration de deux cent mille âmes qui écoutaient la tête penchée. Le canon lâche son second coup. On entend un mot prononcé par tout le monde à la fois. — Deux, dit-on, — trois, quatre, cinq, on comptait chaque coup ; ainsi ça dura depuis un jusqu'à vingt : à vingt, c'était comme si la mort eût passé sur toute la ville, un silence terrible rendait Paris muet. Le vingt-unième part, une immense acclamation lui répond. C'était tout Paris qui se redressait en criant : Vive l'empereur ! Le roi de Rome est né, disait-on ! Et pendant ce temps, Napoléon, derrière un carreau des fenêtres des Tuileries, pleurait de grosses larmes à travers lesquelles il regardait à la fois le peuple et son fils, ses deux enfants adorés, ses deux pauvres enfants qui n'ont plus de père.

— Ah ! s'écria l'ancien payeur transporté, jamais un jour n'enferma pour la France tant de grandeur et d'enivrement, tant de puissance et d'espoir. Oh ! qu'est devenue cette gloire ? que sont devenus cet avenir, cet homme et cet enfant ?

— Vous allez le voir, répondit une voix sombre et fatalement empreinte d'amertume.

C'était le soldat silencieux qui venait de prendre la parole. On sentait à l'émotion de son accent que ce n'était pas de sa volonté qu'il allait parler ainsi. On comprenait que quelque chose de terrible qui lui remplissait le cœur demandait à déborder et à se répandre : nous écoutâmes. — Bientôt mille intrigues ennemies forcent l'empereur à déclarer la guerre à la Russie. C'était la clef de voûte de son système qu'il fallait aller attacher à Saint-Pétersbourg, c'était le monde européen dont il fallait exiler la cruelle Angleterre. Napoléon partit : six cent mille hommes le suivaient. Le 7 juin, il était à Dantzig, le 12 à Kœnigsberg, et le 24 il passe le Niemen, cinq ans, jour pour jour, après cette entrevue où, sur ce même fleuve, il avait donné la paix à la Russie, et rendu son royaume au roi de Prusse ; le 28 il entre à Wilna. C'est alors que commence cette guerre à la course où les Français poursuivent jusqu'à Moscow des soldats et une armée, et n'atteignent que des incendies et des déserts. Oh! pour raconter les prodiges de cette campagne, les prodiges de victoires et de désastres, de constance infatigable et de désespoir infini, il faudrait à chaque jour un récit, à chaque général un historien, un tableau à chaque combat ; mais qui pourrait dire ou peindre tous les héroïsmes de cette année : parler à la fois de Murat, ce vaillant qui s'enivrait de guerre et de fanfares, jouant la vie de ses soldats comme la sienne, l'imprudent, et chassant de sa cravache les troupeaux de cosaques qui gênaient sa marche; parler de Davoust, ce lent et inflexible guerrier, ne pardonnant la guerre qu'à la victoire, et comptant chaque mort inutile comme un vol à la patrie ; de Ney, ce brave des braves, si infatigable, si terrible, si grand général et si beau soldat, se donnant tout au combat, de sa tête et de son bras, de son génie et de son corps ; d'Eugène, cette âme de dévouement qui se battait non en maréchal de l'empire, non en vice-roi d'Italie, mais en ami, en fils de Napoléon, jetant sa vie à le servir pour que lui seul fût plus grand, triste et calme dans la victoire, fier et calme dans l'infortune? Pourquoi nommerais-je Oudinot et non pas Poniatowski? Si je racontais la mort de Gudin, il faudrait dire celle de mille autres : et faudrait dire les noms de ces braves du 46°, repoussant à Smolensk six mille hommes et leur soixante canons. Je sais qu'ils s'appelaient les enfants de Paris, ces voltigeurs du 9° que l'armée applaudissait, tandis qu'ils soutenaient comme un roc les efforts de toute la cavalerie russe. Mais personne ne peut plus dire quels furent ces cinquante voltigeurs du 33° sur lesquels vint s'abattre et se briser la charge de dix mille cosaques. Laissons donc Ostrowno, Mohilow, Polotsk, et tous ces mille combats qui conduisirent les Français des bords du Niémen à ceux de la Moscowa. Prenons-les à cette bataille des batailles, où rien ne manqua, pas même la victoire, où tout fut immense, courage et génie, où tout fut surhumain, attaque et défense; bataille inouïe où commença l'espérance des vaincus et le désespoir des vainqueurs. Il y avait cent trente mille hommes dans chaque armée, deux cent soixante mille combattants en présence et douze cents pièces de canons prêtes à tonner. Le 7 septembre à trois heures du matin, l'empereur était à cheval ; à cinq heures, le soleil se leva sans nuage. C'est le soleil d'Austerlitz, dit l'empereur ; on battit un ban, on lut l'ordre du jour suivant : « Soldats, voilà la bataille que vous avez tant désirée, désormais la victoire dépend de vous, elle nous est nécessaire, elle nous donnera l'abondance, de bons quartiers d'hiver, un prompt retour dans la patrie ! Conduisez-vous comme à Austerlitz, à Friedland, à Wetepoketa, à Smolensk, et que la postérité la plus reculée cite avec orgueil votre conduite dans cette journée, et que l'on dise de vous : Il était à cette grande bataille sous les murs de Moscou. » A six heures du matin, un coup de canon parti de la droite de notre armée annonce la bataille, cent vingt bouches à feu entreprennent la lutte, Poniatowski et la droite s'engagent les premiers. Le prince d'Ekmühl avance avec le centre à 7 heures, le prince Eugène met la gauche en mouvement. Le 106ᵉ régiment de son corps d'armée a enlevé Borodino, il s'emporte au delà du village, l'infanterie des Russes l'enveloppe et l'écrase ; le 92ᵉ se dévoue, s'élance au pas de course et le dégage, et ils rentrent à Borodino. Pendant ce temps, Davoust attaque vivement la première redoute ; Compans marche en tête du 57ᵉ, il est blessé. Rapp vient prendre sa place, il marche encore le premier, il est blessé ; c'était sa vingt-deuxième blessure. Les soldats se troublent, Davoust se montre devant eux, ils le suivent encore ; Davoust est blessé. Alors Ney avec ses trois divisions accourt tête basse. Le 57ᵉ ne veut pas qu'on le devance, il resserre ses restes déchirés, et d'un dernier élan il atteint la première batterie ennemie, l'escalade, et précipite les Russes qui l'abandonnent, et cloue sur leurs pièces ceux qui s'obstinent à les défendre. Ney, lancé comme un lion furieux, atteint les autres redoutes de l'ennemi et les lui arrache. Alors la gauche des Russes étant aussi forcée, Napoléon ordonne à Murat de charger. Murat obéit et se montre le premier sur les hauteurs. Les Russes culbutés sont secourus par deux nouvelles divisions, elles accoururent au pas de charge et surprennent Murat dans le désordre de sa victoire : les cavaliers se troublent, Murat veut les arrêter. Ils ne l'entendent pas. Cependant les rangs ennemis s'approchent. Condé y eût jeté son bâton de maréchal. Murat s'y jette lui-même. Alors il se lève sur ses étriers, il frappe d'une main, de l'autre agite son panache de roi au-dessus de sa tête découverte, et appelle les soldats qui le laissaient prisonnier. A cet aspect, ils s'arrêtent, ils se rallient à sa voix, honteux et transportés de rage, ils reviennent à la charge ; Ney était à leur suite, Ney promenant ses divisions sur le champ de bataille comme une massue qui frappait partout où il y avait danger. Murat, ainsi établi sur les hauteurs, était cependant dominé par la seconde ligne des batteries russes. L'empereur le voit. — Que Davoust les emporte, s'écrie-t-il. Davoust envoie Friant. Ce général se précipite, et du premier choc balaie les régiments qui couvrent les batteries. Mais les Russes tentent un effort désespéré ; artillerie, infanterie, cavalerie, tout se meut, tout s'ébranle, tout tonne, douze cents pièces de canon déchirent les airs, et font trembler le sol que les boulets labourent et creusent en larges sillons. C'est un effort immense, prodigieux, inouï, devant lequel des Français pouvaient seuls tenir un moment : ils y tinrent quatre heures, quatre heures de victoire immobile, quatre heures de carnage. Cependant nos rangs sont hachés, troués par la mitraille. Les soldats s'étonnent, un des généraux, épouvanté de les voir ainsi trembler par milliers, ordonne un mouvement rétrograde. Murat court à lui, le saisit au collet, l'arrête. — Que faites-vous? s'écrie-t-il. — Vous voyez, dit le général, on ne peut rester ici. — J'y reste bien, moi, dit Murat; soldats, face en tête, c'est ici qu'il faut se faire tuer. On resta. Ainsi de tous côtés chacun prodigue sa vie, ses efforts. Eugène, à gauche, se soutenait en désespéré contre les feux des canons qui l'écrasaient ; ses soldats, à genoux dans des fossés, n'échappaient que par ce moyen au volcan de mitraille qui vomissait sur eux le fer et le plomb. Poniatowski, voyant que le centre s'est avancé, ne veut pas seul rester en arrière, il se précipite sur la position ennemie, il l'enlève : enfin Murat ordonne une charge générale sur toute la ligne. La cavalerie se déploie comme un vaste réseau et se déroule au galop d'un bout à l'autre de l'armée, elle enveloppe les Russes comme une chaîne de fer, les presse, les culbute et précipite leur retraite jusque dans le fond des bois. La nuit vient pour cacher leur déroute, et à la faveur de son ombre ils osèrent se vanter d'une victoire. Mais le jour du lendemain se leva pour montrer leur fuite. Trente mille Russes furent tués à cette bataille, vingt mille Français y périrent. Le 14, à une heure après midi, l'avant-garde française atteignit le mont du Salut. Aussitôt elle voit devant elle Moscou, la sainte ville, Moscou et ses clochers aigus et ses dômes dorés où plane la croix grecque, Moscou où nous attendaient en espérance le repos, l'abondance et la paix. Là, à Moscou, étaient la souveraineté de la France sur le monde, la gloire éternelle de l'armée. Tout fut oublié, fatigues, misères, morts, avenir. Moscou! criait-on, Moscou! Moscou! C'étaient des voix qui avaient aussi crié : Rome, Naples, Milan, Berlin, Vienne, Madrid, Lisbonne. Moscou achevait au front de l'armée cette couronne des capitales.

— La voilà, s'écria le vieux soldat, en nous faisant apparaître cette ville lointaine qui reluisait d'or au soleil, où les richesses des deux mondes, Asie et Europe, encombraient les bazars de leurs luxes réunis.

Et nous, transportés à ce moment, nous dans ce salon étroit où notre cœur bondissait comme au milieu d'un champ de bataille, nous criâmes aussi :

Moscou! Moscou! et nous battîmes des mains à cette image pâle qu'éclairait la pâle lueur d'une bougie.

— Oui, s'écria le jeune soldat, c'est Moscou comme nous le vîmes une heure, comme il ne dura qu'un jour, le temps de rêver l'empire du monde. Mais la main d'un homme, d'un forcené, à qui des Français ont fait bassement une vertu de ce que lui-même regarda comme un crime, la main d'un homme brisa tout cet avenir, engloutit les esperances et dévora l'empire français au Kremlin. A peine étions-nous dans la ville que la ville s'embrase, les toits s'écroulent et tombent avec fracas ; le plomb qui les couvre ruisselle dans les rues ; la cité s'abîme sur elle-même. Il fallut quitter Moscou. C'est alors que commença le grand désastre, cette longue marche de mort où l'armée ne laissa d'autre trace que ses cadavres. Ce n'étaient plus quelques hommes blessés dans une compagnie, une compagnie disparue d'un bataillon, un bataillon qui manquait à son régiment, ou un régiment à sa division ; c'étaient des corps d'armée qui mouraient tous à la fois. On ne comptait plus les morts : on avait plutôt fait de compter les vivants. Ici il n'y a plus à faire l'histoire de l'armée, ni de son empereur ; leur histoire fut celle de chacun : marcher à pied, sans pain, sans eau, sans munitions, sans espérance, soldats, généraux, empereur, voilà ce qu'ils firent tous. Les plus faibles tombaient et mouraient ; les plus forts passaient et mouraient plus loin. L'or semait les routes à côté des membres épars des soldats. Il y en a qui buvaient le sang des chevaux ; il y en a qui incendiaient des villages pour sentir une minute de chaleur. Là des misérables, frappés de vertige, s'approchaient du feu, qui prenait à leurs vêtements, et, fuyant avec des cris, allaient se consumer sur la glace comme les flambeaux de cet horrible convoi : d'autres les entouraient et se chauffaient à ce cadavre qui brûlait. Des mères jetèrent leurs enfants à la neige ; des fils détournèrent la tête de leur père qui leur tendait les bras. Ainsi mouraient sans cesse tous ces braves d'Austerlitz et d'Iéna. Ils mouraient et ne se rendaient pas. Eugène, enveloppé avec quinze cents hommes, s'arrache à vingt mille Russes ; Ney se défend, lui trentième, contre des milliers d'ennemis. L'empereur cerné de tous côtés, son épée d'une main, un bâton de l'autre pour soutenir son corps malade, charge à pied à la tête des restes de sa garde. Un seul bataillon couvrait son flanc. — Ils ne sont que cinq cents, dit Mortier. — Dites-leur de se battre comme dix mille, répondit Napoléon.

Ils obéirent, les vaillants ; ils moururent là. Enfin il faut céder ; il faut se retirer. Quelques désespérés tentent la fuite : — Au pas ordinaire ! crie l'empereur. — Au pas ordinaire ! répète Davoust ; et le tambour bat le pas ordinaire à trois mille Français qui passent devant quatre-vingt mille Russes.

La voix manqua au pauvre soldat. Nous-mêmes, serrés à la gorge, gardions un terrible silence. Chacun pleurait, mais tout bas. On nous disait cette histoire, où il y eut d'abord tant de joie et puis tant de larmes pour la France, et nous savions bien que nous n'en étions pas à la plus fatale page. Le soldat continue :

— Ainsi la France avait perdu ses hommes ; elle donna ses enfants à l'empereur. Ses enfants vainquirent à Lutzen, à Dantzig, à Dresde, à Leipzig : ses beaux enfants, ses jeunes gens de salon, ses beaux gardes d'honneur, firent ce que n'avaient pu faire les grenadiers et les cuirassiers de la garde, ils écrasèrent la phalange des grenadiers russes.

— N'est-ce pas, dit la mère de madame Bénard, avec des sanglots dans la voix, qu'ils se battirent là comme leurs pères, et que la trahison les vainquit ?

Les deux fils de madame Bénard étaient morts à Leipzig.

— Oui, ils se battirent noblement. Mais l'heure du malheur était sonnée, et l'Europe, levée tout entière, enferma Napoléon dans la France, comme un lion dans une arène. Oh! ce fut véritablement un lion, acculé qu'il était dans sa France, dans son asile. Il bondit de fureur, terrible, agile, rajeuni par le désespoir. Il triomphe à Champaubert, à Montmirail, à Vauchamp ; il disperse et sépare ses ennemis. Il résume toute sa gloire en battant sur le sol français toutes ces nations qu'il avait vaincues chez elle. Enfin, il est maître de sa fortune ; il revient pour les broyer entre son armée victorieuse et les murs de Paris. Mais Napoléon n'avait compté ses ennemis que parmi les étrangers. Paris ouvrit ses portes, et Napoléon dépose sa couronne. Oh! que ce dut être un affreux désespoir pour cet homme qui avait fait de la France un pays de cinquante-un millions d'habitants, de la voir ainsi foulée par le pied des étrangers, s'abandonnant elle-même plus que la fortune ne l'abandonnait. Il n'y voulut point croire, et, du fond de l'île d'Elbe, il crut sentir frémir l'indignation de la France sous l'humiliation que lui imposaient les nouveaux souverains. Il revint s'offrir à sa gloire, elle l'accepta de nouveau. Depuis Cannes, ce fut comme seize ans auparavant depuis Fréjus, il arriva en triomphe à Paris. Enfin Waterloo arriva. Pourquoi vous raconter cette bataille ? la France doit l'apprendre par cœur ; il faut l'enseigner à vos enfants pour qu'ils sachent que c'est là notre dernière lutte avec l'Europe, et que ce fut une défaite, et que la première bataille qu'elle livrera doit laver Waterloo de notre histoire. Parlons donc de Napoléon durant ce jour. Je l'ai vu ; j'étais près de lui ; je l'ai reproduit sur ce verre comme il m'apparut durant cette infernale lutte entre lui et le monde.

— A midi la bataille était gagnée. Chacun se réjouissait. Lui, l'œil tendu sur l'horizon, demanda si Grouchy venait. A deux heures, la bataille était gagnée. Les généraux qui l'entouraient parlaient déjà de Bruxelles et de la Belgique reconquise. Napoléon demanda si Grouchy venait. A quatre heures la bataille était gagnée ; on avait près de soi Vienne et Berlin. L'empereur demanda si Grouchy venait. A cinq heures la bataille était gagnée. On crut revoir la Hollande et l'Italie réunies à la France, l'Autriche alliée, la Prusse perdue, la Russie exilée chez elle. L'empereur demanda si Grouchy venait. — Soult, dit-il, avez-vous envoyé chercher Grouchy? — Sire, répondit le maréchal, j'ai envoyé quatre aides de camp. L'empereur le regarda en face, il lui plongea son regard dans le cœur comme un poignard, et lui dit seulement : — Ah! monsieur, monsieur! Berthier en eût envoyé quatre cents : puis il baissa la tête, et le premier coup de canon de Bulow fit passer un boulet au-dessus de lui ; la bataille était perdue. Il ne demanda plus rien à ses officiers et courut vers l'ennemi, pour qu'il voulût bien le tuer. On le sauva, on lui épargna une balle au cœur pour le livrer à Sainte-Hélène.

— Voilà ce rocher où il mourut six ans prisonnier des Anglais, qui avaient compris qu'il n'y avait ni porte ni muraille que son nom n'eût bientôt fait tomber, et que trois cents lieues de mers désertes, où sa voix se perdrait sans échos, pouvaient seules le garder invinciblement. C'est là qu'ils l'enfermèrent, pour que l'aigle captif brisât son âme contre les barreaux de sa cage. Et comme il tardait à mourir, ils lui resserrèrent son aire et trouvèrent à l'exiler dans son exil : ce ne fut plus Sainte-Hélène qui resta à l'empereur de l'Europe, ce fut une maison, une chambre : moins qu'à un criminel de Botany-Bay. Ils pouvaient bien lui tirer un coup de fusil, mais la blessure eût saigné aux yeux du monde et sali toute l'histoire d'Angleterre ; et comme on ne voit pas saigner le cœur, c'est au cœur qu'ils le frappèrent, les assassins ! l'outrageant en valets de bourreaux, lui disputant son pain, son lit, son ombre. En Sibérie, ils lui eussent disputé son soleil. Ils furent patients à la torture. L'âme de feu et le corps de fer du prisonnier mirent six ans à s'user tout à fait. Enfin, après avoir longtemps regardé à l'horizon où était la France, à l'horizon où était son fils, à l'horizon où était sa vie, il baissa encore une fois sa tête et permit à la mort qui attendait de s'approcher. Elle vint, lente et tortionnaire, avec des déchirements et des angoisses dans la poitrine. Il lui fallait de tout, à cette immense vie : de la douleur comme celle d'un Dieu tombé, de la douleur comme celle d'un misérable sur un grabat. Bientôt il pensa à la France, il se souvint de ses vieux soldats, il leur distribua le peu qu'il avait, et quand il ne lui resta plus rien, il inscrivit leur nom sur son testament. C'était l'immortalité. Enfin, quand tout fut prêt, il plaça devant lui l'image de son fils, le pauvre père! il s'enveloppa dans le manteau de Marengo, le vieux général! il se jeta sur le lit de fer où il s'était reposé de quarante-neuf batailles rangées, le grand empereur! et il mourut.

Maintenant il dort sous un saule au pied duquel murmure un ruisseau, et rien ne trouble le silence de cette tombe où devraient s'incliner tous les soldats du monde, que la prière furtive de quelque jeune fille qui vient y cueillir des fleurs, et les pas du soldat anglais qui veille en tremblant sur le mort qui dort à ses pieds.

A ce moment, comme par un hasard inouï, la flamme qui éclairait ce tableau s'éteignit, nous ne vîmes plus rien, mais nous entendîmes un léger murmure près de nous : c'étaient les enfants et les domestiques qui, d'instinct et de douleur, s'étaient mis à genoux et priaient. Nous n'osions que pleurer, nous. Oh ! c'est qu'il faut être peuple pour faire ce qu'on sent dans son âme, sans fausse honte, sans crainte, sans calcul. Si les soldats de l'empereur eussent été toujours jeunes et pauvres, on ne nous eût pas raconté en cachette cette histoire qui était la nôtre, et cette histoire n'eût pas été celle qu'on nous racontait.

BATAILLE D'AUSTERLITZ

Quand un homme comme Napoléon se lève parmi les nations, tant qu'il vit et qu'il y marche, les agitant toutes ensemble du moindre de ses mouvements, aucun jugement n'est possible sur cet homme : l'admiration est réputée flatterie, et la sévérité s'appelle haine. Un jour arrive cependant où l'homme, quelque prodigieux qu'il ait été, doit passer sous un niveau qui le ramène à la hauteur de la plus misérable humanité ; ce jour, c'est celui de sa mort ; ce niveau, c'est la tombe. Alors les nations, débarrassées de cette vie importune, incapables de lever les yeux jusqu'au front du colosse tant qu'il a été debout, se prennent à mesurer le cadavre à l'aise quand il est gisant par terre ; alors quelquefois elles s'étonnent de la petitesse de ce qui les a dominées, et quelquefois aussi de l'immensité de ce qu'elles ont méconnu. Ainsi fut-il de Napoléon. Ce fut le jour qu'il mourut qu'on vit la place qu'il tenait dans le monde ; ce fut à l'heure qu'il tomba que ses œuvres grandirent autour de lui ; et l'on pourrait dire de cette innombrable quantité d'actions éclatantes, de nobles institutions et de bienfaits qu'il nous a légués, qu'on ne les a aperçus, comme les étoiles au ciel, que lorsque le soleil a été couché.

De toutes les gloires qui ont couronné ce nom, celle du guerrier a été la plus éblouissante. Elle est aussi la plus chère aux Français, car c'est celle à laquelle ils participaient le plus. Ils étaient les soldats vainqueurs du capitaine vainqueur ; l'éclat qui rayonnait autour du chef éclairait au loin jusqu'au dernier de ses compagnons ; et pour les enfants de la France, il avait fait de leur nom un titre de noblesse, car chacun pouvait répondre hautement à Vienne, à Madrid ou à Berlin : Je suis Français, comme autrefois il eût dit : Je suis gentilhomme. Avec lui toute cette gloire n'est pas tombée, et si quelque guerre se rallumait entre nous et l'Europe, elle serait le premier rempart de nos frontières et l'avant-garde de nos jeunes bataillons.

C'est pour donner une idée à nos jeunes lecteurs des merveilles de cette gloire militaire, et de l'ivresse qu'elle produisait, que nous leur raconterons en quelques pages une de ces immortelles batailles dont le nom est populaire dans toutes les langues de l'univers.

Le 24 septembre 1805, l'empereur partit de Paris.

Le 21 octobre, après les combats de Wertengen, de Guntzburg, d'Albeck, d'Elchingen, de Langenau, de Neresheim, et la capitulation d'Ulm, il adressait cette proclamation à ses soldats :

« Soldats de la grande armée !

» En quinze jours nous avons fait une campagne ; ce que nous nous proposions de faire est rempli. Nous avons chassé de la Bavière les troupes de la maison d'Autriche et rétabli notre allié dans la souveraineté de ses Etats.

» Cette armée qui, avec autant d'ostentation et d'imprudence, était venue se placer sur nos frontières est anéantie.

» Mais qu'importe à l'Angleterre ? son but est rempli : nous ne sommes plus à Boulogne, et son subside ne sera ni plus ni moins grand.

» De cent mille hommes qui composaient cette armée, soixante mille sont prisonniers. Ils iront remplacer nos conscrits dans les travaux de la campagne.

» Deux cents pièces de canon, tout le parc, quatre-vingt-dix drapeaux, tous leurs généraux, sont en notre pouvoir. Il ne s'est pas échappé de cette armée quinze mille hommes.

» Soldats, je vous avais annoncé une grande bataille; mais, grâce aux mauvaises combinaisons de l'ennemi, j'ai pu obtenir les mêmes succès sans courir aucune chance ; et, ce qui est sans exemple dans l'histoire des nations, un si grand résultat ne nous affaiblit pas de plus de quinze cents hommes hors de combat.

» Soldats ! ce succès est dû à votre confiance sans bornes dans votre empereur, à votre patience à supporter les fatigues et les privations de toute espèce, à votre rare intrépidité.

» Mais nous ne nous arrêterons pas là : vous êtes impatients de commencer une seconde campagne.

» Cette armée russe, que l'or de l'Angleterre a transportée des extrémités de l'univers, nous allons lui faire éprouver le même sort.

» A ce combat est attaché plus spécialement l'honneur de l'infanterie française : c'est là que va se décider pour la seconde fois cette question qui l'a déjà été une fois en Suisse et en Hollande, si l'infanterie française est la première ou la seconde de l'Europe.

» Il n'y a pas là de généraux contre lesquels je puisse avoir de la gloire à acquérir : tout mon soin sera d'obtenir la victoire avec le moins possible d'effusion de sang. Mes soldats sont mes enfants. »

Quelques jours après, Napoléon était à Munich, il avait exécuté le passage de l'Inn, livré les combats de Ried, de Lambach, de Loyer ; passé l'Ens, battu les ennemis au combat d'Amstetten ; le 13 novembre il était à Vienne ; encore quelques jours il s'avance en Moravie, et le 2 décembre il tenait parole à son armée à Austerlitz.

L'avant-veille il lui adresse cette proclamation :

« Soldats !

» L'armée russe se présente devant vous pour venger l'armée autrichienne d'Ulm ; ce sont ces mêmes bataillons que vous avez battus à Hollabrunn, et que depuis vous avez poursuivis constamment jusqu'ici. Les positions que nous occupons sont formidables, et, pendant qu'ils marcheront pour tourner ma droite, ils me présenteront le flanc.

» Soldats ! je dirigerai moi-même vos bataillons : je me tiendrai loin du feu, si, avec votre bravoure, accoutumée, vous portez le désordre et la confusion dans les rangs ennemis ; mais si la victoire était un moment indécise, vous verriez votre empereur s'exposer aux premiers coups ; car la victoire ne saurait hésiter, dans cette journée surtout, où il y va de l'honneur de l'infanterie française, qui importe tant à l'honneur de toute la nation.

» Que sous prétexte d'emmener les blessés, on ne dégarnisse pas les rangs, et que chacun soit bien pénétré de cette pensée, qu'il faut vaincre ces stipendiés de l'Angleterre, qui sont animés d'une si grande haine contre notre nation.

» Cette victoire finira notre campagne, et nous

pourrons reprendre nos quartiers d'hiver, où nous serons joints par les nouvelles armées qui se forment en France ; et alors la paix que je ferai sera digne de mon peuple, de vous et de moi. »

Le soir même, l'empereur, voulant juger de l'effet qu'avait produit cette proclamation, se rend à pied dans tous les bivouacs pour les visiter incognito ; mais à peine y est-il arrivé qu'il est reconnu par les soldats : les premiers s'imaginent, pour éclairer sa marche, de rouler la paille sur laquelle ils couchaient et de l'attacher comme un flambeau au bout de leurs baïonnettes ; mais dès que quelques-uns ont accompli leur dessein, tous les bivouacs imitent cet exemple, et près de 50,000 fanaux ainsi allumés montrent à l'empereur son armée debout devant lui ; tandis que ces flambeaux s'agitaient dans l'air, d'enthousiastes acclamations accueillaient Napoléon sur son passage.

Un des plus vieux grenadiers s'approche de lui, et lui dit, en faisant allusion à sa proclamation : « Sire, tu n'auras pas besoin de t'exposer ; je te promets, au nom des grenadiers de l'armée, que tu n'auras à combattre que des yeux, et que nous t'amènerons demain les drapeaux et l'artillerie de l'armée russe, pour célébrer l'anniversaire de ton couronnement. »

— Ce sera notre bouquet, s'écrie-t-on de tous côtés.

Lorsque l'empereur rentra à la mauvaise cabane de paille que ses grenadiers lui avaient construite, il dit aux généraux qui l'entouraient : « Messieurs, voilà la plus belle soirée de ma vie. »

Si les Russes avaient pu être témoins de ce spectacle, sans doute ils eussent perdu de leur jactance, et ils n'eussent point parlé aussi légèrement qu'ils le faisaient de cette armée qu'ils devaient, disaient-ils, anéantir du premier choc, et conduire prisonnière en Russie. Mais la fortune leur devait la terrible leçon qu'ils reçurent dans cette occasion. D'ailleurs Savary, envoyé à l'empereur Alexandre, avait été témoin de la fatuité de leurs jeunes officiers et en avait rendu compte à Napoléon, qui lui-même avait reçu l'aide de camp russe Dolgorowki, dont l'impertinence l'eût sans doute indigné si elle ne lui eût fait pitié.

Napoléon, au contraire, ménagea cette sotte confiance des Russes en leur supériorité. Des démonstrations de crainte et d'embarras furent habilement ménagées en présence de l'armée ennemie, et le 2 décembre arriva.

A une heure du matin, l'empereur monta à cheval et parcourut lui-même tous les postes, s'informant partout de ce que les grand's-gardes avaient pu apprendre de l'armée ennemie. Il sut que les Russes avaient passé la nuit dans l'ivresse, et qu'ils traitaient avec le plus profond mépris le peu d'Autrichiens qui, échappés à la première campagne, leur conseillaient un peu de circonspection.

Enfin le soleil se leva, et alors commença cette fameuse bataille que les soldats ont appelée longtemps la bataille *des trois empereurs* (1), que d'autres nommaient la bataille *de l'anniversaire,* et qui a gardé le nom de bataille d'Austerlitz, que Napoléon lui a imposé.

L'empereur, entouré de tous ses maréchaux, attendit que le jour fût tout à fait éclairci pour donner ses derniers ordres. Bientôt les brouillards du matin se dissipent; chacun des maréchaux s'approche de l'empereur, reçoit ses instructions, et part ensuite au galop pour rejoindre son corps, entouré lui-même d'un flot d'officiers et d'aides de camp.

Lannes court prendre le commandement de la gauche de l'armée ; il avait avec lui Suchet et Cafarelli. Bernadotte est appelé à diriger le centre ; les généraux Rivaud et Drouet commandent sous lui. Enfin l'empereur confie la droite de son armée au maréchal Soult, dont le corps d'armée se compose des divisions Vandamme, Saint-Hilaire et Legrand.

(1) Napoléon, l'empereur d'Autriche et celui de Russie.

Murat réunit toute la cavalerie sous son commandement, et se place entre la gauche et le centre.

L'empereur, avec Berthier, Junot et tout son état-major, reste en réserve avec dix bataillons de sa garde, dix bataillons du général Oudinot et quarante pièces de canon. Bientôt il s'élance lui-même au galop, passe sur le front de la plupart des régiments :

« Soldats ! leur dit-il, il faut finir cette campagne par un coup de tonnerre qui écrase l'orgueil de nos ennemis. »

Au 28e de ligne, presque tout composé de conscrits du Calvados, il dit : « J'espère que les Normands se distingueront aujourd'hui ! » Il dit au 57e : « Souvenez-vous que je vous ai surnommé le terrible. » Ainsi il enflamme tous les esprits.

Partout les cris de vive l'empereur ! lui répondent, et le signal du combat est donné.

Aussitôt Soult s'avance et coupe la droite de l'ennemi. Lannes marche sur sa gauche, s'échelonnant par régiments comme dans un jour d'exercice. Murat s'élance avec sa cavalerie. Une canonnade de deux cents pièces s'engage sur toute la ligne ; deux cent mille hommes en viennent aux mains : c'était un bruit horrible, un choc immense, une épouvantable lutte.

Cependant un bataillon du 4° de ligne se laisse enfoncer par la garde impériale russe à cheval. L'Empereur le voit : « Bessières, Bessières ! dit-il rapidement, tes invincibles à la droite. » Il dit, Rapp se met à leur tête, et en peu d'instants les deux gardes impériales à cheval sont face à face : ce ne fut qu'un moment. Au bout de quelques minutes, colonel, artillerie, étendard, tout était au pouvoir de Rapp.

La garde impériale française à pied voit ces exploits et murmure. Quatre fois elle demande à grands cris à se porter en avant, mais l'empereur la maintient, et, malgré leur amour, les grenadiers le maudissent alors. « Il n'y a jamais rien pour nous, » s'écrie un soldat en pleurant de rage et en jetant son fusil.

— Soldats, vous avez aussi votre gloire, restez calmes ! Votre immobilité combat et triomphe.

Bientôt Rapp reparaît le sabre brisé, couvert de poudre et de fumée ; il mène à sa suite le prince Repnin, qu'il vient de faire prisonnier.

Cependant, des hauteurs d'Austerlitz, les empereurs d'Autriche et de Russie voient la défaite de leur garde ; ils tentent de la faire secourir, mais Bernadotte s'avance à son tour, et la victoire n'était déjà plus douteuse. Le corps de l'ennemi, qui avait été chassé de toutes ses positions, se trouvait à ce moment dans un bas-fond acculé à un lac qu'il passait en tumulte sur la glace ; l'Empereur s'y porte avec vingt pièces de canon. « Faut-il les mitrailler ? demanda Berthier ? — Il faut les anéantir, » répond l'Empereur. Et aussitôt, d'après son ordre, les canons au lieu d'être dirigés sur les troupes, sont pointés sur la glace : ils la brisent pas larges glaçons où des compagnies entières flottent un moment et s'abîment ensuite ; dix mille hommes périssent ainsi, poussant d'horribles cris, maudissant les imprudents souverains qui les ont exposés à la colère française.

BATAILLE D'AUSTERLITZ. 275

L'Empereur apprit ainsi le lendemain le résultat de sa victoire à la grande armée :

« Soldats,

» Je suis content de vous ; vous avez, à la journée d'Austerlitz, justifié tout ce que j'attendais de votre intrépidité. Vous avez décoré vos aigles d'une immortelle gloire. Une armée de cent mille hommes commandée par les empereurs de Russie et d'Autriche a été en moins de quatre heures ou coupée ou dispersée ; ce qui a échappé à votre fer s'est noyé dans les lacs.

» Quarante drapeaux, les étendards de la garde impériale de Russie, cent vingt pièces de canon, vingt généraux, plus de trente mille prisonniers, sont le résultat de cette journée à jamais célèbre. Cette infanterie, tant vantée et en nombre supérieure, n'a pu résister à votre choc, et désormais vous n'avez plus de rivaux à redouter. Ainsi en deux mois cette troisième coalition a été vaincue et dissoute. La paix ne peut plus être éloignée ; mais, comme je l'ai promis à mon peuple avant de passer le Rhin, je ne ferai qu'une paix qui nous donne des garanties, et assure des récompenses à nos alliés.

» Soldats, lorsque le peuple français plaça sur ma tête la couronne impériale, je me confiai à vous pour la maintenir toujours dans ce haut éclat de gloire qui seul pouvait lui donner du prix à mes yeux. Mais dans le même moment, nos ennemis pensaient à la détruire et à l'avilir ; et cette couronne de fer, conquise par le sang de tant de Français, ils voulaient m'obliger à la placer sur la tête de nos plus cruels ennemis ; projets téméraires et insensés, que, le jour même de l'anniversaire du couronnement de votre empereur, vous avez anéantis et confondus. Vous leur avez appris qu'il est plus facile de nous braver et de nous menacer que de nous vaincre.

» Soldats, lorsque tout ce qui est nécessaire pour assurer le bonheur et la prospérité de notre patrie sera accompli, je vous ramènerai en France. Là, vous serez l'objet de mes plus tendres sollicitudes. Mon peuple vous reverra avec joie, et il vous suffira de dire : J'étais à la bataille d'Austerlitz, pour que l'on réponde : Voilà un brave ! »

Deux jours après, il rendait les décrets suivants et témoignait ainsi sa reconnaissance à ses braves camarades.

PREMIER DÉCRET.

« Les veuves des généraux morts à la bataille d'Austerlitz jouiront d'une pension de 6,000 francs leur vie durant ; les veuves des colonels et des majors, d'une pension de 2,400 francs ; les veuves des capitaines, d'une pension de 1,200 francs ; les veuves des lieutenants et sous-lieutenants, d'une pension de 800 francs ; les veuves des soldats, d'une pension de 200 francs. »

SECOND DÉCRET.

Article 1er. « Nous adoptons tous les enfants des

généraux, officiers et soldats français morts à la bataille d'Austerlitz.

Art. II. » Ils seront tous entretenus et élevés à nos frais; les garçons dans notre palais impérial de Rambouillet, et les filles dans notre palais impérial de Saint-Germain. Les garçons seront ensuite placés, et les filles mariées par nous.

Art. III. » Indépendamment de leurs noms de baptême et de famille, ils auront le droit d'y joindre celui de Napoléon. »

Quelques jours encore après, il passa la revue de toutes les divisions de son armée, et donna partout des marques de son contentement. A chacune il témoigna, dans ses ordres du jour, sa satisfaction de sa brillante conduite. Enfin, à la revue de la division Vandamme, il arrive devant le front du 1ᵉʳ bataillon du 4ᵉ de ligne, qui avait ployé un moment sous l'effort de la garde russe. Il s'arrête, son visage se rembrunit, il parcourt la ligne d'un coup d'œil irrité, et tout à coup il s'écrie brusquement : « Sol-

» dats, qu'avez-vous fait de l'aigle que je vous ai
» donnée? vous m'aviez juré de la défendre jusqu'à
» la mort. » Un silence profond répond seul à cette
vive interpellation. Cependant le major du régiment
s'avance : « Sire, dit-il, le porte-drapeau a été tué
au moment de la charge : immédiatement après on
nous a ordonné un mouvement sur la droite, et ce
n'est qu'alors que nous nous sommes aperçus que
notre drapeau avait disparu. — Et qu'avez-vous fait
alors sans drapeau? reprend l'Empereur avec sévérité. — Sire, ajouta le major, nous avons été
chercher ceux-ci pour prier Votre Majesté de nous
rendre une aigle en échange. Et deux grenadiers
avancent portant chacun un drapeau enlevé à des
régiments russes. L'Empereur les considère et
semble hésiter un moment. Enfin il s'adresse
au régiment : — Soldats, jurez-vous qu'aucun de
vous ne s'est aperçu de la perte de son aigle? —
Nous le jurons! répond le régiment entier. —
Jurez-vous, reprend l'Empereur, que vous seriez

tous morts pour le reprendre si vous l'aviez su? — Nous le jurons! répond encore le régiment. — Et vous garderez celle que je vous donnerai, car un soldat qui a perdu son drapeau a tout perdu. — Des cris tumultueux répondent encore : C'est un serment solennel et terrible à la fois. — Eh bien! dit l'Empereur en souriant, je prends vos drapeaux et je vous rendrai votre aigle. »

Voilà quelle fut la conduite du seul corps qui ne fut pas irréprochable dans cette bataille. En toute autre occasion c'eût été de la gloire ; à Austerlitz ce fut à peine une excuse.

RIVALITÉ

DE MURAT ET DE DAVOUST

Malgré l'opinion un peu anti-française de certain général qui se plaît à jeter sur Napoléon tout le blâme des désastres de la guerre de Russie, malgré son admiration pour toutes les défaites des Russes, durant la marche de l'Empereur jusqu'à Moscou, il est juste de reconnaître qu'il se trouve ailleurs que dans son imprudence et son incapacité des causes essentielles de nos malheurs, et que le grand homme ne fut pas si niais qu'on nous le montre. Peut-être les doléances de certains généraux qui ont l'air de croire que la guerre peut se faire sans bras coupés ni hommes tués, peut-être aussi la mollesse de quelques-uns et la rivalité de quelques autres, n'ont-elles pas peu contribué à jeter le désordre et le découragement parmi notre armée ? Voici une preuve fatale de cette rivalité qui laissait les soldats incertains, et qui leur enlevait souvent l'enthousiasme qu'il fallait à cette guerre.

Napoléon venait de mettre Davoust sous les ordres de Murat, qui commandait l'avant-garde de l'armée, et l'on était arrivé à Slawkowe : c'était le 27 août. Le 28, Murat pousse l'ennemi au delà de l'Osma. Avec ses cavaliers il passe la rivière et attaque vivement les Russes, qui s'étaient logés sur une hauteur, de l'autre côté de l'eau, et qui pouvaient aisément y soutenir un combat opiniâtre ; ils le firent d'abord avec quelque succès, et Murat, voulant épargner, quoi qu'on dise, sa cavalerie dans un endroit dont le terrain était difficile, fit ordonner à une batterie de Davoust de soutenir son opération, et d'inquiéter l'ennemi sur ses hauteurs. Il attend quelques moments pour juger de l'effet de cette nouvelle attaque ; mais tout se tait, et les Russes, profitant de cette singulière inaction, se précipitent de leurs éminences et refoulent un moment la cavalerie du roi de Naples jusqu'aux bords de l'Osma, qui coule dans les creux d'un ravin, au fond duquel elle est menacée d'être précipitée. Murat soutient les soldats de ses paroles, de son exemple, et envoie un nouvel ordre au commandant de la batterie ; mais, encore une fois, rien ne répond à cet ordre, et bientôt on apporte au roi la nouvelle que le commandant, alléguant ses instructions, qui lui défendaient, sous peine de destitution, de combattre sans l'ordre de Davoust, avait formellement refusé de tirer. Un moment de colère anime la figure du roi de Naples : mais un péril plus pressant l'appelle ; les Russes continuent à presser la cavalerie. Il prend aussitôt le quatrième de lanciers, le précipite sur l'ennemi, et enlève en un moment les hauteurs que Davoust pouvait balayer avec son canon.

Le lendemain les deux lieutenants de Napoléon se trouvaient en présence de lui : le roi de Naples, fort d'avoir justifié sa témérité par un succès ; le prince d'Eckmuhl, calme dans son opinion basée sur une science souvent éprouvée. Murat s'était plaint amèrement des ordres donnés par Davoust à ses subordonnés. L'Empereur avait écouté les mains derrière le dos, la tête légèrement penchée sur sa poitrine, cachant un air de satisfaction, et jouant du bout du pied avec un boulet russe qu'il faisait rouler devant lui, et qu'il suivait avec attention. Davoust irrité ne demeura pas sans réponse.

« Sire, dit-il en s'adressant à l'empereur, il faut déshabituer le roi de Naples de ces attaques inutiles et imprudentes qui fatiguent l'avant-garde de l'armée. Jamais on n'a prodigué si légèrement le sang des hommes ; et, croyez-moi, sire, ils sont bons à conserver dans une campagne telle que celle-ci.

» — Et le prince d'Eckmuhl a trouvé un excellent moyen pour cela, dit Murat avec dédain ; c'est d'empêcher ses soldats de se battre. Je croyais qu'il gardait cette recette pour lui. »

L'opiniâtre Davoust, qui avait assez prouvé qu'il était brave et qui voulait surtout prouver qu'il avait raison, s'adressa au roi d'un ton irrité, et lui dit :

« Et à quoi nous ont servi toutes vos attaques téméraires contre une armée qui opère un retraite savamment combinée et décidée d'avance, et contre une arrière-garde qui n'abandonne chacune de ses positions que lorsqu'elle est sur le point d'être battue ?

» — Et pourriez-vous me dire, répondit le roi presque en ricanant, quand elle les abandonnerait, si on ne l'attaquait pas et si on ne la mettait pas sur le point d'être battue ?

» — Elle abandonnerait quelques heures plus tard, s'écria Davoust, qui avait jugé sagement le plan du général russe, parce que cette retraite est un parti pris et invariablement arrêté qu'on exécutera sans combattre ou en combattant, selon ce que nous ferons. Que gagnons-nous donc à attaquer des troupes qui se retireront demain si on ne les met en fuite aujourd'hui ?

» — De la gloire ! répliqua Murat.

» — Et nous y perdrons la moitié de l'avant-garde, continue aigrement Davoust, et nous arriverons sans cavalerie à Moscou, et nous verrons si la gloire du roi de Naples, sans un cavalier sous ses ordres, nous y sera d'un grand secours. »

Murat exaspéré l'interrompit violemment.

« Monsieur le maréchal, lui dit-il, vous ne trouveriez rien d'imprudent ni d'inutile dans ma conduite, si j'étais sous vos ordres, comme vous êtes sous les miens ; on sait que le prince d'Eckmuhl n'aime à obéir à personne ; qu'il lui plairait même assez d'être réputé le héros de cette expédition aux dépens même des plus élevés ; mais je lui jure, moi, qu'il y a part pour tous ; qu'il tâche de trouver la sienne. »

Le reproche avait frappé juste ; Murat avait appuyé avec intention sur ces mots : *Le prince d'Eckmuhl n'aime à obéir à personne...* et Napoléon avait légèrement froncé le sourcil. Davoust, qui avait compris qu'il avait été attaqué d'un côté qui donnait prise, et pour une chose dont il était souvent accusé, même par l'empereur, Davoust se hâta de protester que c'était son dévouement seul qui le portait à parler et à agir comme il le faisait. Murat l'interrompit plus violemment encore :

« Alors, dit-il, c'est donc haine contre moi? eh bien! il faut en finir. Depuis l'Egypte c'est toujours ainsi ; j'en suis fatigué ; et si Davoust veut se rappeler qu'il a été soldat et moi aussi, s'il veut se rappeler qu'il porte un sabre et moi aussi... Je lui donne...

A ces mots, Napoléon, jusque là indifférent à cette querelle, relève la tête, mesure Murat d'un regard qui fit expirer la parole sur ses lèvres, et lui dit, avec cet accent d'autorité qu'il prenait rarement, mais qui était invincible :

« Le roi de Naples n'a que des ordres à donner au prince d'Eckmuhl. »

Murat, satisfait de cette parole qui, malgré la dureté du ton, établissait son droit de commandement, se retira à son quartier général. L'empereur, demeuré avec Davoust, lui parla doucement. Mais, mieux secondé dans sa marche ardente et dans son désir d'atteindre l'ennemi pour en obtenir une bataille, par l'impétuosité de Murat que par la sage réserve de Davoust, il lui représenta avec amitié : « Qu'on ne
» pouvait avoir tous les genres de mérite ; que me-
» ner une avant-garde n'était pas diriger une armée,
» et que peut-être Murat avec son imprudence eût
» atteint Bagration que lui Davoust avait laissé
» échapper par sa lenteur. » Malgré la douceur avec laquelle l'empereur parla à Davoust, il fut blessé de ces reproches et il se retira à son tour plus irrité que jamais contre le roi de Naples. Une heure après on fit dire à celui-ci qu'on renverrait en France le premier qui tenterait de pousser plus loin cette querelle.

Le lendemain Murat et Davoust, de concert et d'après l'ordre de l'Empereur, s'emparent de Viasma. Mais le surlendemain le désaccord recommence, Murat retrouve l'ennemi devant lui, et sur-le-champ la pensée de combattre le saisit, l'ordre de l'attaque est donné. Sa cavalerie s'élance immédiatement sur celle des Russes; l'infanterie de ceux-ci la suit, Murat veut faire avancer la sienne, c'est-à-dire celle que Davoust commande sous ses ordres ; il court vers la division Compans et se met lui-même à sa tête. Mais au même moment arrive le prince d'Eckmuhl, qui reproche amèrement à Murat le nouvel et inutile combat qu'il vient d'engager, et lui déclare qu'il ne soutiendra pas. Il défend à Compans de marcher; Murat renouvelle ses ordres; Davoust résiste plus violemment. A cette insulte la colère du roi de Naples, d'abord furieux, se calme soudainement, il en appelle à son rang, à son droit; Davoust n'en tient compte, et Compans incertain obéit aux ordres réitérés de Davoust, son chef immédiat. Alors le roi de

Naples se tourne avec un calme inouï dans son caractère, et une dignité superbe, vers Belliard, son chef d'état-major.

« Belliard, lui dit-il, allez à l'Empereur, dites-lui de disposer du commandement de son avant-garde, dites-lui qu'il a un général de moins et un soldat de plus. Quant à moi je vais tirer ces braves gens de l'embarras où je les ai mis. »

Puis s'adressant à Davoust, il ajoute :

« Monsieur le maréchal, nous nous reverrons !

» — Sans doute, si vous en revenez, lui répond aigrement celui-ci, en lui montrant ses cavaliers presque en déroute.

» — J'en reviendrai, lui répliqua Murat avec un regard où se peint toute sa résolution. »

Aussitôt, tandis que le prince d'Eckmuhl se retire, Murat court à sa cavalerie, la rallie de la voix, lui montre au premier rang ces panaches hardis et ces dorures étincelantes qui appellent le danger ; on l'entoure, on le défend, et comme il va en avant, il se trouve qu'on triomphe encore une fois.

» Ah! s'écrie Murat, la gloire en est encore à nous seuls. »

Il quitte à ces mots le champ de bataille et rentre dans sa tente. Il y entre seul, et, tout échauffé de son combat, la main tremblante encore des coups qu'il a portés, il écrit un billet sur un papier gaufré et parfumé. A cet instant Belliard arrive ; Murat sans l'interroger sur le résultat de son message, lui tend le billet.

« Belliard, lui dit-il d'une voix calme ; portez ce billet à Davoust.

» — C'est un cartel? lui dit Belliard sans prendre le papier.

» — C'est un cartel, répond froidement le roi de Naples.

» — Je ne le porterai pas, réplique résolûment Belliard. »

Ce fut comme une commotion électrique qui frappa

Murat à cette réponse. Il se retourne vers son chef d'état-major, le visage plus étonné peut-être qu'irrité :

« Et vous aussi ! lui dit-il d'une voix sourde et que la colère arrêtait.

» — Sire, sire, s'écrie Belliard, vous ne me rendrez pas complice de votre perte ; l'Empereur est résolu, et votre renvoi suivra votre première menace.

» — Eh bien ! qu'il me renvoie ; il y a à mourir ailleurs qu'ici, répond avec fureur le roi de Naples. Il oublie son armée d'Espagne, qu'il me la donne, qu'il me donne un régiment, qu'il me laisse soldat s'il veut ; je lui dois mon sang, ma vie, mais mon honneur, il est à moi, Belliard ! entends-tu, Belliard, que mon honneur est à moi et que j'étais brave avant qu'il fût empereur... Va porter ce billet, te dis-je...

» — Sire, répond vivement Belliard, vous lui devez aussi une couronne, une couronne dont vous ne devez pas compromettre la dignité contre un officier de l'empire...

» — Une couronne! interrompit Murat de plus en plus exaspéré; et cette couronne m'a-t-elle empêché d'être insulté en face, m'a-t-elle fait respecter? Voici, ajouta-t-il avec une joie cruelle, et en saisissant son sabre et ses pistolets, voici qui m'a fait respecter toute ma vie et qui ne m'abandonnera pas... Va donc! Belliard, va donc;

» — Vous êtes roi, lui répond le général, et Davoust refusera.

» — Alors s'écrie Murat, ce sera un lâche...

» — Ce n'est pas vrai, réplique soudainement Belliard en regardant fièrement le roi de Naples. »

Murat tenant un sabre et des pistolets; à ce démenti il considéra un moment d'un air de stupéfaction son chef d'état-major, calme et résolu devant lui. Tout à coup le visage du roi change d'expression; la colère l'abandonne, une douleur terrible en détend la hautaine majesté, et Murat jette avec violence ses armes; il les brise, il déchire ses habits, il arrache ses somptueux ornements, il les foule aux pieds ; il veut parler, il suffoque, il pleure :

« Tu as raison, crie-t-il, Belliard ; ce n'est pas un lâche, et il refusera. C'est moi qui suis un misérable roi qui ne peux rien, un roi que peut souffleter le dernier soldat ! » Et de grosses larmes roulent dans les yeux du héros, et il laisse tomber sa tête dans ses mains. Belliard profite de ce moment de faiblesse pour lui faire de sages représentations ; il le calme, flatte son orgueil, excite son courage et finit ainsi :

« — Et si l'Empereur donne à Davoust le commandement de l'avant-garde, sire, il fera tout ce que vous auriez fait. »

Cette supposition réveille Murat de sa douleur, il se lève, il parcourt sa tente, et son œil sec et brillant lance des éclairs.

« Oui, oui, dit-il avec feu, je resterai. On ne se bat qu'ici, ici seulement on fait la guerre : eh bien ! je la lui arracherai. Tout pour moi, rien pour lui, pas une escarmouche, Belliard; je te jure qu'il ne verra pas un ennemi. »

Et il sort de sa tente et court à un avant-poste.

Maintenant nous le demandons au général historien, que de malheurs ont pu résulter de pareilles dispositions dans de tels hommes?

L'ARC DE TRIOMPHE

DE L'ÉTOILE

— INAUGURATION LE 29 JUILLET 1836 —

Le matin de ce jour, la population se porta vers les Champs-Elysées. D'abord elle regarda en courant cette longue file de colonnes et de guirlandes de planches qui devaient s'éclairer le soir et border de feu la large avenue qui mène à l'arc de l'Etoile ; puis, arrivée au but, elle s'arrêta et considéra avec stupéfaction le géant de pierre dépouillé de ses langes de bois.

Personne, tant qu'il était resté enveloppé de ses barricades et de ses échafaudages, ne s'était imaginé la taille du monument; nul ne s'était figuré son aspect souverain et sa majesté colossale. Aussi l'effet de son apparition parmi nous a été merveilleux. A voir les pensées et l'émotion qu'il faisait naître dans la foule, tout déserté qu'il fût des pompes triomphales qu'on lui avait promises, on sentait de quel élan eût battu le cœur de la France si on l'eût conviée à une fête solennelle d'inauguration.

C'a été une grande faute de découvrir l'arc de triomphe, si on ne voulait pas l'inaugurer. Il ne fallait montrer au peuple français la hauteur de ces portes que pour lui dire que lui seul était encore assez grand pour y passer sans paraître petit. Mais on a humilié la nation devant elle-même en faisant de l'arc de l'Etoile une vaine décoration de théâtre qui manque d'acteurs à sa taille. Ce dernier rejeton de l'empire, cet enfant posthume de la gloire de nos pères, n'a pas trouvé des bras assez forts pour le présenter aux fonts baptismaux de la patrie. Ce fils qu'ils nous avaient légué, nous l'avons nourri, mais nous ne l'avons pas adopté ; il vit, mais c'est un orphelin sans nom.

Tout cela se disait et se pensait autour de l'arc de l'Etoile, et quand la nuit est venue, on a regardé en pitié cette double ligne de feu dont on l'avait couronné, comme pour l'essayer ; comme si la capitale de la France ne s'était enrichie que d'un large monument bien posé pour servir de perspective à une avenue, et qui sera d'un très-bon effet pour terminer une illumination de verres de couleur.

Aussi pourrait-on penser que le hasard a été juste en éteignant cette fête de lampions qu'on avait allumés dans les Champs-Elysées. En vérité, qu'on nous pardonne de nous être laissé dominer par cette foi superstitieuse qui courait parmi le peuple, pendant qu'il cherchait la fête de sa gloire, la fête sous la pluie et les pieds dans la boue : il disait que l'ombre de son empereur s'était levée debout sur le monument, et avait soufflé sur tous ces feux, qui n'éclairaient que la peur publique.

En effet, le peuple se souvenait si bien que le soleil obéissait à la fortune de Napoléon et de ses armées, qu'il ne doutait pas que si l'on eût dit tout haut à l'orage que ce jour était consacré, l'orage n'eût fait comme autrefois, et n'eût reculé devant eux.

Mais nulle voix ne s'est trouvée assez forte pour le dire, et le jour, comme on sait, n'appartient pas aux morts. Dans toutes les croyances où la foi humaine les a mêlés aux choses de la terre, elle ne leur a laissé que la nuit ; la nuit aux fantômes sanglants qui se dressent au chevet du lit des coupables, la nuit aux ombres amies qui viennent s'asseoir au pied de notre couche pour nous consoler ; la nuit à Napoléon et à ses armées pour venir saluer leur monument, et y passer leur silencieuse revue.

C'est pour cela que la fête qui n'a pas eu lieu durant le jour et parmi les vivants s'est célébrée la nuit et entre les morts.

En effet, toutes les lumières éparses dans cette vaste enceinte ont disparu une à une, la foule s'est retirée triste et mécontente; le bruit de ses mille pieds, le murmure de ses mille voix s'est lentement effacé; et puis quand la solitude a été complète et le silence profond, un bruissement nouveau a glissé dans l'air comme le vol d'un oiseau; et une ombre colossale s'est posée au sommet de l'arc de triomphe. Autour d'elle voltigeait silencieusement le manteau bleu de Marengo et de Sainte-Hélène; elle portait ce chapeau à forme basse et à large envergure, qui, dans l'ombre, semblait un aigle accroupi avec ses ailes déployées; le front penché en avant, elle laissait tomber ses regards sur la terre, et la fauve clarté qui descendait de ses larges prunelles enveloppait le monument comme d'un suaire de feu.

Alors une voix s'est fait entendre, qui a passé dans le silence, comme cette lueur dans les ténèbres, sans s'y mêler.

— A moi, mon fils! a-t-elle dit.

Et le tombeau prisonnier de Schœnbrunn s'entr'ouvrit comme la fosse captive de Sainte-Hélène.

C'était pour l'ombre du père et du fils deux bans à rompre : celui de la mort et celui de l'exil. Cette nuit tous deux ont secoué cette double chaîne ; et l'un, parti de Vienne, l'autre de Sainte-Hélène, se sont rencontrés debout sur l'arc de triomphe.

Puis Napoléon a tiré son épée, et frappé du talon de sa botte le faîte du monument.

— A moi ! à moi ! mes braves généraux et mes braves soldats, a-t-il ajouté ; venez montrer à mon fils l'empire que je lui avais fait, et qu'il n'a pas connu.

— Comme à la parole de Dieu le monde sortit du néant, tous ces vieux soldats sortirent de la tombe, à l'ordre de leur empereur, obéissants et empressés.

— En bataille ! mes braves, en bataille ! dit l'ombre de Napoléon.

Et tous se sont rangés le long de cette large avenue déserte, et à la place de ces guirlandes éteintes. Alors l'empereur a levé les yeux, et son regard, s'allongeant jusqu'à l'extrémité de cette ligne, a éclairé ces six-cent mille hommes morts, portant tous au front, non plus le numéro de leur régiment mais le nom d'une victoire. Ces six cent mille hommes lui présentèrent les armes ; et l'empereur les salua. Puis il reprit encore :

— Vois-tu, mon fils Napoléon, voilà l'avenue qui menait autrefois à mon palais des Tuileries. J'ai passé vivant parmi tous ces héros vivants. Ecoute et regarde ; je vais te les nommer et te les montrer.

Alors, appelant au loin, il ajouta :

— A moi, mon fidèle Berthier, à moi ! viens commander la manœuvre, et faire défiler mes beaux régiments.

Et Berthier, s'étant placé à la droite de Napoléon, donna le signal du défilé, les tambours se mirent en tête, les musiques s'accordèrent, les trompettes soufflèrent dans leurs instruments de cuivre, les timbaliers frappèrent leurs caisses, les chevaux se cabrèrent en hennissant, et tout cet appareil guerrier se mit en mouvement, sans que l'oreille humaine entendît le bruit de ces pas de géants, ni l'harmonie de ces marches triomphales, car c'était la revue des morts qui commençait, et les vivants étaient exclus. Enfin les premiers soldats arrivèrent sous l'immense voûte.

— Regarde, regarde, mon fils Napoléon : voici Desaix, le sultan juste, qui est mort en me donnant une victoire pour gage d'adieu. Voici Kléber, le dur soldat, qui n'a baissé le front que devant moi, le seul à qui j'aie osé confier l'Egypte et qui me l'eût gardée, si le poignard n'eût fait ce que n'avait pas osé le canon qu'il avait tant de fois abordé en face.

Kléber et Desaix passèrent et des milliers de soldats après eux, avec leur uniforme déchiré et le pantalon rayé tricolore, et Napoléon continua :

— Vois-tu celui qui me tend la main ? c'est Lannes, mon soldat et mon ami. Salut, salut, mon vaillant soldat, tu portes les drapeaux de Lodi, et tu tiens le sabre d'honneur de Marengo ; dis à la garde consulaire que je suis content d'elle.

Lannes passa et des milliers de soldats après lui, et Napoléon continua :

— Regarde, mon fils, regarde comme ils passent ! Voici Augereau, l'enfant du faubourg Saint-Marceau, le duc de Castiglione ; il porte aussi un drapeau ; ce n'est pas, comme ceux de Lannes, un drapeau qu'il a pris à l'ennemi ; c'est le sien, à qui il fit traverser le pont d'Arcole, c'est son drapeau que la France lui a rendu tout criblé de mitraille, ne sachant à qui le confier après lui.

Augereau passa, et des milliers de soldats après lui, et Napoléon continua :

— Celui-là qui vient ensuite, c'est Lefebvre ; tu vois tous ces soldats qui marchent à sa suite d'un pas infatigable : c'est ma vieille garde, ma garde d'Iéna. Salue ce noble soldat, mon fils ; lui seul peut-être n'a légué à ses héritiers que l'or dont j'avais galonné son habit de maréchal. Près de lui un simple capitaine, Chambure, qui défendit avec tant d'audace la ville que Lefebvre avait prise avec tant de courage.

Et comme Lefebvre était passé, le jeune Napoléon s'écria :

Qu'est cela, mon père, qu'est cela ?

— Ce sont mes braves grenadiers ; Oudinot n'est pas à leur tête ; Oudinot est enseveli dans sa vie plus profondément que nous dans notre tombe.

— Et ceux-là qui viennent ensemble ?

— Les deux Kellermann, le père et le fils, le seul père qui ait mérité, sans moi, la couronne de duc que je lui ai donnée ; le seul fils qui ait mérité sous moi de porter la couronne que j'avais donnée à son père.

Les deux Kellermann passèrent, et Napoléon ajouta, en montrant du doigt ceux dont il parlait :

— Là, dans cette voiture, blessé comme il était

à Wagram, Masséna, à qui j'ordonnais de vaincre et qui était toujours vainqueur ; à côté de lui c'est Rampon, et après Rampon, l'invincible 32ᵉ demi-brigade, une citadelle de braves, commandée par le plus brave, le bouclier de mes armées porté par un bras de fer.

— O mon père ! comme ils passent vite tout sillonnés de glorieuses blessures ! à peine m'en avez-vous nommé un sur cent de tous ces illustres généraux.

— C'est que la nuit est courte et que l'heure vole. Pressez vos rangs, mes soldats, que je vous voie tous avant le jour.

Et l'armée défilait rapidement, sortant de l'ombre, et à chaque division, à chaque bataillon qui traversait la porte immense, un hourra s'élevait, disant : Vive l'empereur !

Ils virent ainsi passer les chasseurs, avec leurs colbaks aux flammes penchées, les escadrons de Polonais hérissés de lances, les hauts grenadiers sur leurs grands chevaux de bataille, les légers vélites et les lourds dragons courant sur les pas de Bessières.

Puis, c'étaient des soldats aux traits basanés par le soleil d'Espagne, vainqueurs à Saragosse, à Lérida, à Badajoz, à Tarragone, à Tudela, à la Corogne, et à leur tête Pérignon, Suchet, Junot, Dugommier, ceux qui surent combattre sans être guidés par le maître de la victoire. Et comme l'empereur et son fils les regardaient passer sans cesse ainsi que les flots d'une mer à qui on a livré une vaste écluse, le jeune Napoléon dit à son père :

— Et celui-ci qui porte tant de gloire sur son front modeste et qui pleure en vous tendant les bras, quel est-il, mon père?

— C'est mon premier fils ; celui-là, c'est ton frère Eugène Beauharnais, celui qui s'était donné à moi au point de bénir le jour où tu es né, le jour qui lui enlevait une couronne. Sous le titre de vice-roi, regarde, il y a un cœur de citoyen ; sous cet uniforme si bravement porté, l'âme d'un sage ; sous ce dévoûment de soldat, le cœur et la tendresse d'un fils. Admire-le, enfant, puisque tu n'as pu l'imiter.

Mais comme Napoléon disait cela, voici un tourbillon de poussière qui s'élève, et son fils s'écrie :

— Voyez, mon père, voyez ce cheval qui se cabre et qui bondit, ce sabre qui luit comme un éclair, ce panache qui domine la foule comme un drapeau.

— Ah! c'est Murat; le voilà, mon lion à la crinière ondoyante, mon lion, qui se battait seul contre des nuées d'ennemis. Doucement, doucement, mon beau soldat! pourquoi courir ainsi devant toi? tu n'as plus six cents lieues de pays à conquérir au galop; pourquoi parles-tu à tes cavaliers et éperonnes-tu ton cheval? il n'y a pas d'ennemis derrière cette porte. Ne baisse pas ainsi la tête pour passer sous la voûte; si grand que tu sois et que je t'aie fait, je l'ai fait encore plus haute que toi, roi Murat, brave Murat, soldat à couronne. Ne regarde pas d'un œil farouche ton vieil ennemi Davoust; ne lui montre pas la pointe de ton sabre, et ne lui fais pas signe de venir se battre à l'écart. Ecoute Belliard, qui te dit qu'un roi ne jette pas son sang à un duel ; et parce que tu gouvernes la mort, parce que tu la braves à toute heure, ne méprise pas celui qui s'était fait avare du sang de ses soldats.

— Et quel est celui qui vient après eux, pâle et triste, et laissant pendre le long de sa cuisse le sabre recourbé que son bras ne peut plus soutenir?

— C'est Poniatowski, l'enfant sans patrie, qui avait adopté la patrie la plus brave pour se croire encore dans la sienne ; c'est Poniatowski, le Polonais, l'intrépide.

— Et celui qui traîne à sa suite les prisonniers de toutes les batailles?

— C'est Rapp, toujours blessé et toujours guéri la veille de la victoire, qui a arrosé les champs de bataille de plus de sang qu'il n'en faudrait à la vie de dix hommes. Et maintenant, mon fils, incline-toi et fléchis le genou.

Le jeune Napoléon obéit ; et Napoléon ajouta, en lui montrant au loin une ombre qui dominait toutes les autres :

— Voici Ney. Avant que je lui eusse donné le titre de duc, il s'appelait l'infatigable ; avant que je l'eusse appelé prince, il se nommait le brave des braves.

En s'adressant à lui, l'empereur continua d'une voix basse : — D'où viens-tu, mon brave Ney, ainsi pâle et couvert de sang ? Est-ce de la Moscowa, où tu promenas ta division par le champ de bataille, comme une massue de géant renversant les corps d'armée à chaque coup que tu frappais ? reviens-tu de ta longue marche à travers les déserts et la faim ? Ne sois pas ainsi abattu, mon brave Ney; tu sais bien que je vais à toi, et que j'ai pris mon bâton pour aller te chercher à pied dans la neige. Quoi ! rien ne peut te rendre l'audace de tes jours de combats. Quelles sont donc, juste ciel ! ces douze blessures que tu n'as pas rapportées de tes vingt-deux campagnes? Ah ! je vois, les balles des vétérans de mon armée ont ouvert et percé cette noble et fière poitrine, qu'avaient respectée vingt batailles rangées et soixante combats. Regarde-le, mon fils, il est mort comme un coupable, ce grand guerrier qui était un ami, et ce n'est pas le seul, parmi ceux qui passent, qu'on m'a tué ainsi. Vois tu Labédoyère, mon jeune brave colonel? ils l'ont tué! vois-tu Brune, vois-tu Ramel? vois-tu les frères Faucher? la dernière goutte de tout le sang qu'ils avaient versé pour la France, c'est la France qui l'a versée. Mais levez le front, mes braves héros, l'heure est venue où le supplice vous est compté comme une victoire; levez le front, et lisez vos noms que je consacre à l'immortalité.

Et Napoléon ayant baissé son épée jusque sous la voûte, l'éclair de gloire qui en jaillit fit lire à tous les héros leurs noms gravés dans la pierre, et plus profondément encore gravés dans l'histoire; et les morts virent ainsi ce que n'ont point vu les vivants.

Puis le jour est venu, et avec les ombres du ciel se sont enfuies les ombres de la tombe, et la sentinelle qui veillait à la porte de l'Arc a raconté comment durant toute la nuit le vent avait gémi avec de longs sifflements à travers les feuillages des Champs-Elysées et sous les voûtes de l'Arc de Triomphe.

FIN.

TABLE

	Pages.
L'Enfant des Grenadiers de la Garde	1
Eugénie ou l'Enfant sans mère	15
Le Roi de Rome	29
Le Sapeur de dix ans	43
M. Perroquet	61
L'Auberge de Sainte-Gabelle	91
Le Tour de France	109
La Mort d'un enfant	133
Le petit Pêcheur	161
Jane Grey ou la Reine de seize ans	185
La Lanterne magique	205
Bataille d'Austerlitz	261
Rivalité de Murat et de Davoust	281
L'Arc de triomphe de l'Étoile	297

FIN DE LA TABLE.

www.ingramcontent.com/pod-product-compliance
Lightning Source LLC
Chambersburg PA
CBHW060635170426
43199CB00012B/1555